THÈSE

POUR LE DOCTORAT

VENTE DE CRÉANCES

L'Acte public sur les matières ci-après sera soutenu

le Jeudi, 11 Juin 1855

Par Joseph-Henri-Prosper COSTES

Président : M. VUATRIN, Professeur

Suffragants :
- MM. DEMANTE,
- BUGNET,
- PELLAT,
- DURANTON;

Professeurs

Suppléant

Le Candidat répondra en outre aux questions qui lui seront faites sur les autres matières de l'enseignement

PARIS

TYPOGRAPHIE DE GAITTET ET Cⁱᵉ

RUE GIT-LE-CŒUR, 7

1855

A LA MÉMOIRE DE MON PÈRE

A MA MÈRE

THÈSE

POUR LE DOCTORAT

SOUTENUE

Par Joseph-Henri-Prosper COSTES

PARIS

TYPOGRAPHIE DE GAITTET ET Cⁱᵉ
RUE GIT-LE-CŒUR, 7

1855

DROIT ROMAIN.

VENTE DES CRÉANCES[1].

PREMIÈRE SECTION.

GÉNÉRALITÉS.

§ 1. — Sujet de la thèse.

Notre intention est de ne nous occuper ici que de la vente des créances ou actions, écartant toutes autres choses, telles qu'une hérédité, par exemple, pour lesquelles la vente était aussi un moyen indirect de se procurer des avantages analogues à ceux d'une aliénation, quand celle-ci était impossible.

Si nous disons vente des *créances ou actions*, c'est que ces deux mots ont souvent exprimé les mêmes idées dans l'esprit des jurisconsultes romains.

1. Le mot vente dont nous nous servons ici réveille dans nos idées modernes une pensée d'aliénation complétement étrangère à la législation romaine (quoique Gaïus ait dit *mancipatio est quasi imaginaria venditio*), mais *emptio venditio* n'a pas d'équivalent dans notre langue. Rappelons-nous donc toujours que la vente représente ici un contrat *nudo consensu*, simple générateur de créance et de dette : des auteurs nombreux et recommandables ont parlé ainsi avant nous, et leur autorité nous permet cet anachronisme.

Le mot action, à Rome, avait des sens bien divers : mais il ne s'agit sous ce nom, au titre du Digeste [1], *de hereditate vel actione vendita*, ni de la pantomime et des paroles sacramentelles des actions de la loi, ni de la formule délivrée par le préteur de la procédure formulaire, ni du droit de poursuite directe de la procédure extraordinaire, ni même du droit sanctionnateur d'un droit préexistant; dans ce titre, action est synonyme de créance; de même qu'au titre de *obligationibus et actionibus* [2]; il ne faut pas traduire cette rubrique par : des obligations et des actions, mais bien par : de la dette et de la créance, du passif et de l'actif.

Droit et action sont deux idées corrélatives inséparables; le droit ne saurait exister sans action, l'on ne pourrait comprendre l'action sans un droit à protéger. Ces deux idées ont dû naturellement, nécessairement se confondre dans l'esprit des jurisconsultes, et leurs noms ont dû être souvent employés indifféremment par les écrivains.

§ 2. — La cession du droit de créance est impossible.

Les droits se divisent en réels ou personnels [3]; les droits réels peuvent, en général, être cédés, (transférés, aliénés), de bien des manières différentes, soit à titre universel, soit à titre particulier, par *mancipatio, cessio in jure*, adjudication, etc., etc.— Les droits personnels, au contraire, sont incessibles : et, si l'on fait exception en matière de succession, ce n'est que grâce à une fiction éminemment

1. D., XVIII, 4.
2. D., XLIV, 7.
3. Cette division des droits ne se présente pas d'une manière bien précise dans la jurisprudence romaine, mais elle est et sera toujours de l'essence même de toute législation.

philosophique qui immortalise la personne juridique du défunt et fait de l'héritier un continuateur ou représentant plutôt qu'un successeur. Cette différence tient à ce que, outre la nécessité où est toute personne de respecter les droits de chacun, qu'ils soient réels ou personnels, il y a dans tout droit personnel un rapport de dette, non pas plus étroit, mais plus spécial et entre personnes déterminées. Céder sa créance ce serait transporter son titre de créancier à une autre personne, et la chose est impossible : la créance n'étant qu'un rapport de droit, un *vinculum juris* [1], entre deux personnes, (créancier et débiteur), changer une de ces personnes ce serait créer des rapports nouveaux, une créance nouvelle. — L'incessibilité de la créance peut aussi tenir à cette différence entre le droit personnel et le droit réel : dans tout droit réel il y a devoir, parce qu'il y a droit ; dans le droit personnel, au contraire, il y a droit, parce qu'il y a devoir.

Ces considérations sont rationelles, l'esprit de la législation romaine devait les admettre ; aussi Gaïus nous dit-il, après avoir parlé des modes de transférer la propriété, « *Obligationes quoquo modo contractæ sint nihil earum recipiunt.* [2] » A Rome, en effet, dans les premiers siècles, au moins, l'équité, l'intérêt social même cédait à la logique et le rigorisme des règles, sur le mode de naissance des obligations, devait consolider le principe de leur incessibilité.

Aucun lien n'existait entre le débiteur et celui auquel le créancier aurait voulu céder sa créance. Les liens, au contraire, qui enchaînaient ce débiteur au créancier, étaient difficiles à rompre. On ne pouvait songer à faire de cet

1. *Inst.*, III, xiii. P. *Définition de l'obligation.*
2. Gaïus, C. II, 38.

étranger un créancier prenant la place du premier par une simple *cessio in jure*, par exemple : c'eût été heurter de front un système législatif fortement ancré dans les esprits; et l'usage chez les nations est souvent, nous le savons, plus fort que leur intérêt même.

Procurer à cet étranger les avantages d'une obligation à la formation de laquelle il n'avait pas participé, sans froisser les règles établies, fut l'œuvre des jurisconsultes et des préteurs : l'intérêt du commerce, qui s'était introduit avec la conquête dans cette société primitivement tout aristocratique et guerrière, était pressant. Ne heurtant jamais les vieilles institutions, trop primitives, rudes et gênantes, mais respectées, les réformateurs romains tournaient les difficultés, créaient des fictions, fondaient parallèlement à l'ancien droit un droit nouveau plus juste, plus en rapport avec les mœurs et les besoins de leur époque; et, sous leur action incessante, disparaissaient ainsi, sans secousse, les anciennes lois.

§ 3. — Possibilité de la vente des créances.

Quand la cession d'hérédité fut permise en certaines circonstances [1], pour les autres cas, l'*emptio venditio*, soutenue des stipulations, *emptæ et venditæ hereditatis*, fut un moyen d'échapper au rigorisme des principes, et plus tard d'exécuter les fideicomis d'hérédité [2].

L'on peut vendre toutes les choses, *quæ sunt in commercio*, qu'elles soient *mancipi* ou *nec mancipi*, actuelles ou futures, certaines ou incertaines, pourvu qu'elles soient possibles; l'on pourrait même vendre la chose d'autrui, rien

1. Gaïus, C. II, 28 à 34. — *Id.*, C. III, 85.
2. Avant les S. C. Trébellien et Pégasien.

ne s'opposait à ce que la créance fût l'objet d'une vente ; l'*emptio venditio* n'était en effet qu'un contrat générateur d'obligation, le vendeur de créance ne s'engageait qu'à *tradere et licere habere nomen*, et l'acheteur à payer le prix. Quant aux moyens d'exécuter ces obligations, nous le verrons quand nous parlerons de la vente de créances.

DEUXIÈME SECTION.

EFFETS DE LA VENTE DES CRÉANCES ENTRE LE VENDEUR ET L'ACHETEUR.

§ 1. — Exécution de l'obligation du vendeur : *tradere rem.*

L'effet du contrat de vente est de créer des obligations réciproques La première obligation du vendeur est de *tradere rem* ; par là il ne faut pas entendre une tradition matérielle qui serait impossible dans toute vente de droits autres que celui de propriété, qui, par une confusion de mots et d'idées, a acquis un caractère tout particulier et s'est identifié avec la chose, objet du droit [1]. Cette obligation du vendeur consiste bien plutôt à mettre l'acheteur en position de tirer de la chose vendue toute l'utilité dont elle est susceptible.

Dans notre espèce, le vendeur doit faire obtenir à l'acheteur les avantages d'un vrai créancier : deux moyens furent employés pour cela.

Le premier moyen employé et le seul qui existe jusqu'au

---

1. M. Pellat, *Traité de la propriété*, Introduction.

système formulaire est la novation; le vendeur donnait ordre à son débiteur de promettre à l'acheteur ce qu'il lui devait, et, s'il promettait, il y avait novation. La novation était fondée sur ce principe, que toute obligation, quelle que soit la manière dont elle ait été formée, peut être éteinte par une nouvelle obligation qui vient prendre sa place [1], *omnes res transire in novatione possunt* [2].

Ce moyen, tendant à faire créer une obligation nouvelle en faveur de l'acheteur, présentait un double inconvénient; d'abord il était presque impraticable, puisqu'il fallait la coopération d'un débiteur qui devait s'y refuser souvent, soit par mauvaise volonté, soit par crainte d'un traitement plus dur de la part d'un nouveau créancier; d'un autre côté la novation éteint l'ancienne dette et avec elle tombent tous les intercesseurs, gages et hypothèques; il eût fallu, pour conserver le bénéfice de ces contrats accessoires, obtenir un nouvel engagement de ces diverses personnes plus ou moins étroitement attachées à la dette. La difficulté est si grande que l'on a peine à comprendre, pendant toute cette époque, la possibilité de l'exécution de la vente de créance.

Un second moyen d'exécution de la vente de créance fut emprunté au développement des idées du mandat à l'introduction des *procuratores* dans la procédure romaine.

Un vieux principe existait à Rome : Nul ne peut se faire représenter dans les actes juridiques [3]. L'on comprend combien cette règle devait être gênante, l'esprit guerrier de Rome, son antipathie pour le commerce ne peuvent suffire

---

1. Le contrat *verbis* et le contrat *litteris* semblent seuls être capables d'opérer une novation.
2. Ulpien, D., XLVI, 1, 2, P.
3. *Inst. just.*, IV, 10, P.

à l'expliquer : Ce principe avait pour cause le rôle immense des paroles sacramentelles dans les actes juridiques. Dans l'ancienne législation savante, rigoriste et mystérieuse, l'on reconnaît l'œuvre d'une caste supérieure par l'instruction et jalouse de ses droits. Tant que la classe sénatoriale et sacerdotale conserva le monopole de la science juridique, elle dut conserver ces formes gênantes qui étaient une barrière de plus entre elle et la plèbe. L'utilité sociale eût été impuissante à détruire ce vaste système, si toute lutte n'eût pris à Rome un caractère politique, si le peuple n'y eût porté la main dans ses comices et n'eût appuyé les jurisconsultes de ses plébicistes.

C'est à cette époque que fait allusion Justinien, quand il dit : *In usu fuerit alterius nomine agere non posse*[1]. Mais avec le système formulaire s'introduisit le principe contraire et Gaïus disait déjà (sous Adrien, 117 à 138, de J. C.) : *Nunc admonendi sumus agere posse quemlibet, aut suo nomine, aut alieno : alieno, veluti cognitario, procuratorio, tutorio, curatorio*[2].

Les représentants furent d'abord des *cognitores* constitués avec paroles sacramentelles[3] *apud acta*, et acquérant l'*actio judicati* au représenté, puis on admit de simples *procuratores* donnant caution *de rato* ou *judicatum solvi*, et acquérant à eux-mêmes l'action *judicati*. Peu à peu l'on assimilé les *procuratores* aux *cognitores*, les dispensant

1. *Idem*. L'on pouvait cependant paraître en justice *alterius nomine* dans quatre circonstances, sous les actions de la loi, *pro populo, pro libertate, pro pupillo*, et dans les actions *furti* pour l'absent.

2. Gaïus, IV, 82.

3. Ces paroles nous ont été conservées par Gaïus, C. IV, 83. Le demandeur disait devant le magistrat, et son adversaire étant présent : « Quod ego tecum agere volo in hanc rem Mævium, cognitorem do. » Le défendeur : « Quando tu mecnm agere vis in hanc rem Lucium cognitorem do. »

de la caution et donnant l'action *judicati* au représenté. Sous Alexandre Sévère (223 à 235, J. C.), l'assimilation est presque complète, et sous Justinien (527-765, J. C.) le nom même de *cognitores* a disparu[1].

Du moment où l'on peut se faire représenter dans un procès, l'exécution de la vente (la délégation) devient plus facile et Ulpien peut dire : *Fit autem delegatio vel per stipulationem vel per litis contestationem*[2]. Le vendeur donnait mandat à l'acheteur d'exercer ses actions, renonçant d'avance à lui demander compte par l'action *mandati*. Ce nouveau moyen se rapproche plus que la novation des effets qu'eût produit une aliénation de créance, si elle eût été possible : il crée pour ainsi dire un créancier nouveau sans éteindre la créance ancienne. Si nous remarquons que les gages, hypothèques, intercesseurs qui soutiennent la créance vendue subsistent, que le mandat d'actions est praticable sans l'intervention du débiteur et même malgré lui[3], nous comprendrons combien ce second mode d'exécution de la vente dut être plus employé que le premier.

Lorsque l'acheteur voulait se servir des actions cédées, il s'adressait au préteur, qui lui donnait une formule semblable à celle d'un mandataire ordinaire[4]. L'*intentio* était la même que si l'action eût été intentée par le vrai créancier et la *condemnatio* était en faveur du mandataire. Lorsque plus tard, par l'assimilation du *procurator* au *cognitor*, l'*actio judicati* fut donnée au mandant[5], elle con—

---

1. *Inst.. Just.*, iv, 10.

2. D., XLVI, ii, 11, 61, Ulpien. L'on peut déléguer son débiteur, soit en faisant une novation, soit en cédant ses actions et laissant opérer la *litis contestatio*.

3. C. VIII, xlii, 1. — C. VIII, liv, 2. — C. IV, xxxix, 3.

4. Gaïus, C. iv, 86, nous donne ce changement dans la formule.

5. *Fragmenta Vaticana*, § 317, *in fine*, et D., III, iii, 61, Paul.

tinua d'être accordée au *procurator in rem suam*[1], et, quoique le *procurator ad litem* ordinaire ne pût recevoir le payement pour celui qu'il représentait, à moins d'une mention formelle dans le mandat, le *procurator in rem suam,* eut toujours ce pouvoir, et la force des choses le voulait ainsi[2]. Paul nous dit, en effet, dans le texte précité, que le *procurator ad litem* ne pourra recevoir le payement, parce qu'il n'a pas l'action *judicati*, mais le *procurator in rem suam* a cette *actio judicati*; il peut donc recevoir le payement. Et cela n'est nullement contraire à ce que disait Justinien (Inst. IV, 12, 2) et Gaïus (Conv. IV, 114). *Omnia judicia sunt absolutoria.* Car rien n'empêchera le juge d'absoudre, quoique l'*intentio* soit fondée au commencement du procès, si le défendeur a payé au *créancier* ou au *procurator in rem suam;* mais il n'en serait pas de même, et le juge devrait condamner, s'il avait payé seulement au simple *procurator ad litem in rem alienam*, parce que le payement alors ne serait pas convenablement fait.

Mais, si l'exécution de la vente était plus praticable par le mandat d'action que par novation, il ne faut pas se dissimuler le danger que présentait ce nouvel expédient. En effet, la créance existait toujours, le créancier vendant et cédant était toujours créancier, il pouvait toujours agir contre le débiteur, en recevoir valablement un payement, transiger, faire une acceptilation et par là rendre la cession inefficace.

Il est vrai que la *litis contestatio* faisait quelquefois novation et éteignait par conséquent la créance première et en créait une nouvelle qui appartenait au *procurator*. Le créancier se trouvait paralysé et le *procurator* avait un droit

<hr>

1. D., XLII, 1, 4, Ulpien.
2. D., XLVI, iii, 86, Paul, combiné avec D., XLII, 1, 4, Ulpien.

irrévocable[1]. Mais la *litis contestatio* n'opérait pas toujours novation[2], et quoique le cessionnaire fût néanmoins *dominus litis*[3], le cédant pouvait toujours agir contre le débiteur. Enfin, alors même que la *litis contestatio* aurait opéré novation, il pouvait s'écouler longtemps entre le moment de la vente et le moment où le cessionnaire pourrait agir; et pendant tout ce temps il était à la merci du cédant.

Il dut en être ainsi pendant assez longtemps. Mais, à cette époque même, l'on pouvait parer en grande partie à ces inconvénients, au moins dans la cession d'action ayant pour cause la vente de la créance. En effet, par l'action *empti* le vendeur ayant reçu le prix de la créance peut être forcé à le restituer. *Nominis emptor quidquid vel compensatione vel exactione fuerit consecutus, integrum emptori restituere compellitur*[4]. Cette restitution faisait même, en matière de vente d'hérédité, l'objet de la stipulation *emptæ hereditatis*[5]. Rien ne s'opposait à ce que l'on pût faire des stipulations *accepti nominis*, quoiqu'elles ne se trouvent pas citées dans les textes. On pourrait objecter que l'on serait arrivé au même but par l'*actio empti*. Mais l'*actio ex stipulatu*, résultant de la stipulation, était, *stricti juris*, moins vague dans sa conception et plus certaine par conséquent dans ses effets, et nous savons aussi que les Romains aimaient assez une accumulation d'actions tendant au même but. Quant à l'insolvabilité du vendeur qui avait reçu le

<hr>

1. Gaïus, C., III, 180 et 181.

2. Nous savons qu'elle n'opérait pas novation quand l'action était réelle, quand elle était conçue *in factum*, et même lorsque, personnelle et *in jus*, elle ne créait pas un *judicium legitimum*.

3. D. XLIX, I, 4, *in fine*, Marcien.—D. XLIV, IV, 11, Nératius. C., II, XIII, 22.

4. D. XVIII, IV, 23. § 1, Hermogénien, et D. XVIII, IV, 2, § 3, *in medio*, et § 4, Ulpien.

5. Gaïus, C., II, 252.

montant de la créance, l'on pouvait y remédier par des gages ou des fidéjusseurs adjoints, soit au contrat de vente, soit à la stipulation même, touchant la restitution de ce qui pourrait avoir été payé.

Mais la vente n'était pas la seule cause qui pouvait amener la cession d'action[1] : les mêmes précautions pouvaient ne pas être toujours possibles, elles pouvaient ne pas avoir été prises. La position du cessionnaire devenait alors précaire. La législation Romaine, tout en reconnaissant les droits du mandant tendit à les paralyser.

D'abord, à partir de la *litis contestatio*, le droit du cessionnaire est assuré, car, si la *litis contestatio* a produit novation, nous avons vu que le droit du cédant est éteint au moins civilement. Si elle n'a pas produit novation, le cédant pourra encore agir, mais il sera repoussé par l'exception *rei in judicium deductæ* ou *rei judicatæ*[2]. C'est au cessionnaire qu'appartient toujours l'action *judicati*, il peut recevoir le payement; mais cependant en payant au créancier cédant, le débiteur peut encore se libérer.

Il fut aussi admis[3], que si un mandataire général avait fait un pacte avec un débiteur de son mandant, le pacte

1. Les cessions de créance peuvent être divisées, à ne considérer que les causes qui y donnent lieu, en deux classes : 1° volontaires, quand elles sont l'accomplissement d'un engagement pris, et alors la vente, la donation, stipulation, etc., peuvent être une cause de cession ; 2° nécessaires, quand certaines personnes peuvent y contraindre le créancier, sans en avoir reçu la promesse. Ainsi, le mandataire doit céder à son mandant toutes les créances qu'il a acquises pour lui. Le débiteur d'une chose doit céder toutes les actions acquises à l'occasion de cette chose. Celui qui reçoit le payement d'un *fidéjusseur*, d'un tiers détenteur de gage, d'un *adpromissor*, d'un *copromissor*, etc. Elle peut avoir lieu *ex auctoritate judicis*. L. 3, *fam. erse.* — *Vi ac potestate legis*, L. 1, § 13, et L. 14, *de. tut. et rat.*

2. Gaïus, C., iii, 181. — C., II, xiii, 22.

3. D., II, xiv, 10, § 2. — D. II, xiv, 11 et 12, et 13, Paul et Ulpien.

pourrait être opposé au mandant *quia ei* (au mandataire), *solvi potest.* Mais que si c'était un *mandator actionum*, un *procurator ad litem*, qui avait fait un pacte avec le débiteur, le pacte ne serait pas opposable au mandant, *quia ei* (mandataire) *solvi non potest.* Nous avons vu que le *procurator in rem suam* pouvait recevoir le payement, et, comme c'est à cette capacité de recevoir le payement que les différents textes cités attachent la faculté de faire des pactes avec le débiteur, il faut admettre que le débiteur peut opposer au créancier les pactes faits avec son *procurator (in rem suam).* Et si Ulpien[1] semble attacher ce droit à l'existence d'une action utile pour le *procurator*, je crois que cela n'est pas parfaitement exact. La création des actions utiles fortifia la position du débiteur, on ne peut le nier; mais, nous le verrons plus tard, ces actions ne se sont introduites que graduellement. Sous Ulpien[2], une action utile avait déjà été introduite par Antonin, en faveur de l'acheteur de l'hérédité, mais l'action utile n'était pas donnée aux acheteurs de créances. Et cependant, je crois que tout *procurator in rem suam* pouvait faire avec le débiteur un pacte opposable au mandant, *quia ei solvi potest*[3], sans s'inquiéter de savoir s'il avait une action utile, et sa position même avant la *litis contestatio* était ainsi assurée.

Enfin, une constitution célèbre de Gordien[4] nous dit que le créancier cédant ne pourra plus actionner le débiteur ni recevoir le payement, lorsque sera survenue une de ces trois circonstances : lorsqu'il y aura eu *litis contes-*

1. D., II, xiv, 16, P. Ulpien.
2. Mort en 228 de J. C., sous Alexandre Sévère.
3. D., XLVI, iii, 34, §§ 3 et 4, Julien, et D., XLVI, iii, 86, Paul.
4. C., VIII, xlii, 3, de l'an 240 de J. C.

tatio entre le cessionnaire et le débiteur; lorsque le débiteur aura payé une partie de la dette au cessionnaire; et lorsqu'il y aura eu *denuntiatio*.

Une grande contestation s'est élevée pour savoir ce qu'il fallait entendre par *denuntiatio*. Doneau[1] prétend qu'il suffit que le débiteur ait eu connaissance de la cession, n'importe par qui et comment. Le président Fabre[2] soutient avec plus de raison que cette connaissance doit lui être parvenue par le fait du cessionnaire[3]. La loi de Gordius me semble formelle à cet égard, la voici : *Si delegatio non est interposita debitoris tui, ac propterea actiones apud te remanserunt, quamvis creditori tuo adversus eum solutionis causa mandaveris, actiones tamen antequam lis contestetur, vel aliquid ex debito accipiat, vel debitori tuo denuntiaverit, exigere a debitore tuo debitam quantitatem non vetaris, et eo modo tui creditoris exactionem contra eum inhibere.* Grammaticalement le sujet du verbe *denuntiaverit* est le même que celui du verbe *accipiat*, et il n'est venu à la pensée de personne de traduire ce passage, *vel aliquid ex debito accipiat* par ces mots , ou qu'une personne quelconque ait reçu partie de la dette; ce qu'il faudrait faire cependant pour traduire le suivant : *vel debitori tuo denuntiaverit* par ceux-ci, ou que quelqu'un ait porté la cession à la connaissance du débiteur. Logiquement il

1. Doneau, com. j., L. 15, 11, §§ 20 et suiv.
2. *Conjecturarum*, l. 12, 3, §§ 4 et suiv.
3. Favre, *Conjecturarum*, l. 12, ch. vi, § 6, et Cujas, *sur les respons,* Papin, l. 18, *de compensationibus,* prétendent qu'il s'agit ici d'un simple mandat, et non d'un *procurator in rem suam.* Ils se basent sur l'irrévocabilité des droits de ce dernier même avant la *litis contestatio,* et présentent l'action utile comme preuve de cette irrévocabilité. Mais 1° l'action utile n'était pas alors générale ; 2° sa création proteste contre cette irrévocabilité; 3° les mots du texte « quamvis credetori tuo *solutionis gratia mandaveris actionem* » me semblent irréfutables.

suffirait, pour paralyser le créancier cédant et son débiteur, que ce dernier ait eu connaissance de la cession; il serait inutile de donner le même effet à la *litis contestatio* et au payement partiel, car la *litis contestatio*, le payement partiel du débiteur supposent toujours la connaissance antérieure de la cession.

Remarquons aussi que les textes invoqués par les auteurs de l'opinion contraire sont loin d'être concluants. Pas un ne dit que la simple connaissance de la cession par le cédé empêche le payement valable au cédant[1]. Le principal, la loi 17 *de transactionibus* de Papinien, ne peut tirer à conséquence. De ce que Papinien décide que, en cas de vente d'hérédité, le débiteur héréditaire ignorant la vente et transigeant avec l'héritier, doit être secouru contre l'acheteur qui veut l'actionner, il ne préjuge pas la question de savoir si, ayant connu cette vente et transigeant avec l'héritier, le débiteur devra, malgré cela et sans distinctions aucunes, être passible de l'action de l'*emptor* cessionnaire.

Quant au caractère véritable de cette *denuntiatio*, lui en assigner un est une question plus délicate encore; l'on pense généralement que la constitution III de *novationibus*, donnée par l'empereur Gordien, entend parler de la *litis denuntiatio*, acte public qui tire probablement son origine de l'ancienne action de la loi *per condictionem (condicere, id est, dicendo denuntiare)*, et se conserva jusqu'à la procédure extraordinaire comme mode d'ajournement et avec des fortunes diverses : tantôt facultative et cumulée avec l'*in jus vocatio*, tantôt forcée et remplaçant l'*in jus vocatio*[2],

---

1. D., II, xv, 17, Papinien. D., XLVI, iii, 12, § 2, Ulpien parle seulement d'un mandat révoqué et payement après cette révocation. On ne peut en tirer aucune conséquence pour l'espèce qui nous occupe.

2. L'on ne sait pas au juste à quelle époque la *litis denuntiatio* remplaça l'*in jus vocatio*. La loi 7, *de inofficioso*, D., v, 2, de Paul,

tantôt acte extra-judiciaire, tantôt acte public[1]. C'est à cet acte que Gordien attache l'immuabilité des droits du cessionnaire. Mais il faut avouer que, transporter cet effet de la *litis contestatio* à la *litis denuntiatio*, c'est avancer de bien peu la sécurité du cessionnaire, et ce n'est pas là une faveur bien grande, puisque le pacte survenu entre le cessionnaire et le débiteur peut produire cet avantage et peut avoir lieu aussitôt après la cession d'actions. Ne s'agirait-il pas plutôt d'acte émané du cessionnaire, ayant pour but de faire connaître la cession au débiteur. Cette décision serait, je crois, plus logique, et aucun texte ne s'y oppose. Nous aurions alors cette règle : la cession est irrévocable, en ce sens que le cédant ni le débiteur ne pourront y préjudicier, 1° lorsqu'il y aura *litis contestatio;* 2° lorsque le débiteur aura payé partie de la dette au cessionnaire; 3° lorsque, quoique n'ayant rien payé, le débiteur aura eu connaissance de la cession, non pas d'une manière quelconque, mais par une notification ou avertissement du cessionnaire.

La *denuntiatio litis* produirait alors aussi l'effet de rendre la cession irrévocable, mais au cas seulement où il n'y aurait pas eu une notification de la cession faite antérieurement par le cessionnaire au débiteur : Cet effet serait alors transporté à cette notification.

Si l'on m'objectait qu'il était inutile alors d'attribuer l'effet de produire l'irrévocabilité à la *litis contestatio,*

---

semble l'attribuer à Antonin, 138 à 161 de J. C. La loi 20, § 6, d'Ulpien, D. , *de hereditatis petitione*, v, 3, traitant du *Juventien,* semble l'attribuer à Adrien, 117 à 138 de J. C. — Enfin Aurélius Victor, historien du ${IV}^e$ siècle, rapporterait cette innovation à Marc-Aurèle, 161 à 180 de J. C.

1. A partir de Constantin, elle perdit le caractère d'acte extrajudiciaire et dut avoir lieu devant le magistrat, l. 2, *de denuntiatione.* C. Theod.

je répondrais que Gordien, dans sa constitution, rappelle simplement une marche croissante de la protection accordée au cessionnaire. Il suffira pour que ce cessionnaire soit à l'abri, non seulement qu'il y ait eu *litis contestatio* comme autrefois, non seulement qu'il y ait eu paiement partiel fait au cessionnaire, mais encore que ce cessionnaire ait été diligent, qu'il ait fait connaître la cession.

Je ne regretterais pas non plus complétement l'opinion de ceux qui penseraient, s'appuyant sur la loi 17 *de transactionibus*, que la simple connaissance de la cession par le débiteur pouvait le paralyser; seulement je verrais dans ce fait un *secours prétorien*. Dans la connaissance au contraire donnée à la diligence du cessionnaire, je verrais *un secours ipso jure*. 1° Le cessionnaire attaque le débiteur qui a payé avant toute dénonciation, mais à une époque où il savait que la cession avait eu lieu : *ipso jure*, rigoureusement, le débiteur est libéré et sans avoir besoin de faire insérer une exception dans la formule, il est acquité par le juge, car *non paret debere* au moment de la *litis contestatio* puisque la dette a été éteinte par un payement. Mais si le *procurator* demandeur s'est fait restituer par le préteur *cognita causa;* si l'*intentio* de sa formule est celle-ci : *si, rescissa solutione, paret debitum esse,* le juge ne devra tenir aucun compte de ce payement, condamnera le débiteur; car, en supposant le payement non existant, il y avait dette. Le même résultat pouvait être atteint, si le *procurator* avait fait insérer une exception dans la formule contre la défense, *ipso jure*, du défendeur : *Nisi dolo malo reus solverit* [1]. 2° Le cessionnaire attaque le débiteur, celui-ci a payé au créancier, mais seulement après

---

1. Et cette exception contre la défense *ipso jure* du défendeur n'est pas sans exemple. D., XLIV, 4, *de doli mali*, loi 4, § 4, *in fine.*

la diligence faite par le cessionnaire : le juge ne peut tenir compte de ce payement qui est complétement non avenu, tout secours prétorien est inutile, *ipso jure*. Le défendeur sera condamné.

Outre le danger d'une poursuite directe par le créancier vendeur et cédant, et le payement entre ses mains par le débiteur, danger auquel il a été pourvu en grande partie, la cession d'action en présentait d'autres non moins graves tirés du caractère spécial de tout mandat qui est d'être essentiellement révocable. Le mandant ou le mandataire mourant, le mandat s'éteignait; ceci s'appliquait au mandat d'action, mais avec quelques restrictions.

Supposons la mort du cédant : 1° si la *litis contestatio* a eu lieu avant cette mort, qu'elle ait opéré novation ou non, le *procurator* est devenu *dominus litis* et peut poursuivre le procès [1]. 2° si le mandant meurt avant la *litis contestatio* et laissant des héritiers, nul doute que le mandat fût révoqué par cette mort et que, dans le principe, l'acheteur cessionnaire fût obligé de demander, en sa qualité d'acheteur, un nouveau mandat d'action aux héritiers du vendeur. 3° si le cédant meurt avant la *litis contestatio* et et sans héritiers, il faut reconnaître que le mandat est éteint et que primitivement l'on ne pouvait guère remédier à ce résultat injuste.

Supposons, au contraire, la mort du cessionnaire : 1° s'il n'est mort qu'après la *litis contestatio*, il est devenu *dominus litis*; il peut créer un *procurator* [2]: *a fortiori*, transmet-il [3] son droit de poursuivre à ses héritiers. 2° si le cession-

1. C., II, xiii, 23, Julianus.
2. II, xiii, 22 et 23, et 8 et 11.
3. Ce droit fut consacré au *procurator in rem suam* quand il fut enlevé au *procurator ad litem* ordinaire par Valentinien et Théodose. Loi 7, *de cognitoribus*, interprétation de Godefroid.

naire est mort avant la *litis contestatio*, ses héritiers doivent demander un nouveau mandat[1].

Une institution qui avait apporté remède aux vieux principes, en bien d'autres points, vint adoucir de pareils résultats; nous voulons parler des actions utiles.

Ces actions sont d'origine prétorienne. Le préteur donnait une action utile quand il le jugeait convenable, pour remédier aux rigueurs de l'ancien droit *utilitate suadente*. Rien ne peut porter à penser que l'application particulière de l'action utile, dont nous avons à traiter ici, n'ait pas été faite par le préteur. Soigneux de faire observer les règles de l'équité, habile à en trouver les moyens, il est douteux que ce magistrat n'ait pas secouru cet homme qui, cessionnaire d'une action, se trouvait par la mort de son mandant dépouillé de son droit. Justinien, lui-même, introduisant une application nouvelle des actions utiles, dit qu'il agit conformément à l'ancienne pratique, *secundum vetera jura*[2]. Toutefois, si les actions furent employées par le préteur dans l'hypothèse qui nous occupe, ce ne furent que des applications particulières. C'est même avec ce caractère qu'elles apparaissent dans les premières constitutions impériales. Les empereurs les accordant d'abord à telle personne déterminée selon l'occurrence, la jurisprudence dut, dès lors, tendre à les appliquer à toutes personnes se trouvant dans les mêmes circonstances.

Les actions utiles ne furent ainsi accordées que successivement. Le premier exemple que nous en trouvons dans les constitutions se rapporte à Antonin le pieux; c'est l'ac-

---

1. Il faut remarquer que la prière adressée au prince produisait le même effet que la *litis contestatio*. C., I, xx, 1, Arcadius, et C., VII, LIV, 33, Justinien.

2. C. VIII, LIV, 33, Justinien, *in fine*.

tion utile à laquelle fait allusion Ulpien à la loi 16 *de pactis*[1] accordée à l'acheteur d'hérédité; on en accorde ensuite une au créancier gagiste pour agir contre le débiteur de la créance qui lui a été donnée en gage[2]; à celui qui achète du créancier gagiste la créance qui lui a été donnée en gage[3]; à la femme, pour la créance donnée en dot[4]; à celui qui a reçu une créance en payement[5], et au légataire de créance[6]. L'acheteur de créance eut aussi une action utile, mais elle lui fut accordée assez tard[7]: cela tient, sans doute à ce que, comme nous l'avons dit plus haut, l'acheteur avait des moyens de se prémunir contre le créancier et le débiteur. Nul doute, du reste, que l'acheteur de créance, s'il eût eu besoin de l'action utile, eût pu l'obtenir par une demande, soit au préteur, soit au prince. Probablement même cette action utile lui avait été accordée avant Dioclétien et Maximien par des constitutions qui ne sont pas rapportées au Code de Justinien. La Constitution 8[8] résume assez bien les principes sur cette matière : *Ex nominis emptione dominium rerum obligatarum ad emptorem non transit, sed vel in rem suam, procuratore facto, vel utilis, secundum ea quæ pridem constituta sunt, exemplo creditoris persecutio tribuitur.*

L'action utile tendit à remplacer le mandat d'actions[9], et à perdre son caractère subsidiaire, quoiqu'elle n'empêchât

1. D. II, 14.
2. C. VIII, xvii, 4. Alexandre.
3. C. IV, xxxix, 7. Dioclétien et Maximien.
4. C. IV, x, 2. Valère et Galien.
5. C. IV, xv, 5. Dioclétien et Maximien.
6. C. VI, xxxvii, 18. Dioclétien et Maximien.
7. C. IV, xxxix, 7 et 8. Dioclétien et Maximien.
8. *Id.*
9. Cependant, dans certains cas, il pouvait y avoir nécessité de mandat, mais ils étaient bien restreints.

pas de demander la cession d'actions[1], elle était donnée dans trois circonstances bien différentes : 1° lorsque le mandat était éteint[2] ; 2° lorsque le mandat n'était pas donné, mais devait l'être, d'après la convention des parties[3] ; 3° et, indépendamment de toute convention, dans certains cas déterminés par la loi[4].

Les résultats de cette application des actions furent très-grands. En effet, du moment où une personne eut droit à une cession d'action, son droit fut invariable : elle pouvait recevoir par la cession d'action un nouveau moyen d'agir ; mais, du moment où naît le droit à la cession, naît l'action utile, droit acquis, transmissible aux héritiers, indépendant de la vie ou de la mort du cédant[5]. Dès ce jour, ce cessionnaire peut faire un pacte avec le débiteur, recevoir le payement, actionner le débiteur ; s'il ne l'a pas fait et que le créancier agisse contre ce débiteur, il peut se présenter concurremment, et l'action utile l'emportera toujours[6].

Il est bon de remarquer que ce n'est que sous Justinien[7] que le donataire du créancier obtint les bénéfices d'une action utile, cela tient sans doute au peu de faveur dont jouissait la donation à Rome.

En résumé, le résultat obtenu fut celui-ci :

L'exécution de la vente, ou de tout autre acte pouvant

1. C. IV, xxxix, 8.
2. Ainsi lorsque le cédant mourait sans héritiers. C., IV, x, 1, Gordien.
3. Vente d'hérédité, vente de créance, donation de créance. Justinien, C. VIII, liv, 33, et autres.
4. Par exemple, au Code, V, lix, 2, Antoninus.
5. C. VIII, x, 1. Gordien.
6. D. ccxiv, 16, Ulpien. D., III, iii, 55. Ulpien, l'on prétend sur cette dernière loi qu'il en était ainsi seulement lorsqu'il y avait eu notification de la cession au cessionnaire ou payement partiel par celui-ci. Mais rien dans la loi ne le fait supposer, et d'autres auteurs l'appliquent en tous cas.
7. C. VIII, liv, 33.

amener une concession d'actions, eut lieu en vertu de la seule convention des parties, par la seule force de la loi; sans doute, si le mandat était donné, l'on pouvait agir par l'action directe du mandat, mais, du moment où la cause qui devait donner lieu à ce mandat existait, il y avait une action utile *comme si le mandat avait eu lieu*[1].

Il faudrait bien se garder cependant d'induire de cette grande extension de l'*actio utilis* et de quelques textes, qui, il est vrai, semblent décisifs au premier abord, que la cession d'action disparaît complétement, et dans la forme et dans le fond; que l'on cède un droit de créance comme un droit de propriété, que l'acheteur de créance, par exemple, peut, faisant abstraction de son cédant, agir en veritable créancier[2].

C'est en se fondant sur ces mots : *agere suo nomine*, opposés aux mots *agere alieno nomine*, qu'un assez grand nombre d'auteurs anciens ont été amenés à cette conclusion contraire au caractère général et très-connu des actions utiles, qui ne se présentent jamais que comme une extension d'une action déjà existante. Les lois précitées peuvent s'interpréter en ce sens que l'acheteur de créances, par exemple, ne pourra agir (*alieno nomine*), au nom de son vendeur, sans avoir reçu de lui mandat, mais qu'il pourra agir en vertu de l'action utile, sans avoir reçu ce mandat, (*suo nomine*) en vertu d'un droit indépendant qui lui est transféré par la loi; mais il ne faudrait pas croire que l'action utile aura une *intentio* conçue *suo nomine*. La différence est celle-ci : lorsque le cessionnaire agit par

---

1. C. IV, xv, 5. — C. VI, xxxvii, 18. — C. IV, xxxix, 5.
2. Doneau, 1. 15. C. 44, § 23. Fabre, *conject.*, C. 12, C. 9.

l'action directe, le mandat est donné; lorsqu'il agit par l'action utile, le mandat est présumé.

§. 2. — Étendue de l'obligation de *tradere*.

L'obligation du vendeur de créances ne se bornait pas à céder ses actions contre le débiteur principal; il devait aussi céder les actions accessoires qu'il pouvait avoir contre les *intercessores*.

Venditor actionis quam adversus reum principalem habet, omne jus quod ex ea causa ejus competit tam adversus ipsum reum quam adversus intercessores hujus debiti cedere debet, nisi aliud actum sit [1].

Il doit aussi lui livrer les gages [2] qu'il détient et lui céder les actions relatives à ces gages et aux hypothèques [3] qui pourraient avoir été créées comme garanties de la créance. *Emptori nominis, etiam persecutio pignoris præstare debet*, ainsi les actions *serviana, quasi serviana, hypothecaria*, l'*actio, pigneratitia contraria* [4] et l'*actio judicati*.

Il doit céder non seulement les actions relatives à des garanties quelles qu'elles soient, consenties avant la vente, mais encore toutes les garanties qu'il aurait pu acquérir depuis. Le texte précité ajoute : *Ejus quoque quod postea venditor accipit, nam beneficium venditoris prodest emptori* [5]. Ce n'est là qu'une application de la

---

1. D. XVIII, iv, 23, P. Hermoginien.
2. D. XX, v, 13. Paul.
3. D. XVIII, iv, 6. Paulus.
4. D. XXI, ii, 38. Ulpien. L'on traite spécialement dans cette loi de la cession de l'action *pigneratitia contraria* qui est donnée an créancier contre le débiteur quand le premier se trouve évincé d'un gage donné par le second.
5. Voir aussi D. XVIII, iv, 2, § 4, 6 et 8, Ulpien, et D. XLVI, i, 21, Africain.

règle générale en matière de vente qui nous dit qu'une fois la vente *perfecta*, l'acheteur, de même qu'il souffre des détériorations, profite des améliorations survenues à la chose vendue. Il résulte de là que, si la créance vendue est contre un *filius familias*, le vendeur doit aussi céder les actions qu'il peut avoir contre le *pater qui filii familias nomina vendidit, actiones quoque quas cum patre habet præstare debet*[1], c'est-à-dire les actions *de peculio, de in rem verso, quod jussu*. Il doit aussi lui fournir tous les moyens de prouver la créance; en un mot, mettre à sa disposition tout ce qui est en son pouvoir pour arriver au remboursement de la créance vendue et lui restituer ce qu'il pourrait recevoir à l'occasion de cette créance[2].

Lorsqu'une action utile fut accordée à l'acheteur de créances, ce fut non seulement l'action contre le débiteur, mais encore toutes les actions accessoires, qu'il put exercer utilement, comme s'il y avait eu mandat. Ne pas l'admettre, ce serait enlever à l'institution des actions utiles toute leur valeur, car souvent ce n'est que par les actions accessoires qui y sont attachées qu'une créance présente quelque valeur.

§ 3. — Obligation du vendeur de *licere habere*. — Garantie.

En nature de vente ordinaire, l'obligation de *licere habere* forçait le vendeur à garantir l'acheteur de tout trouble apporté à sa jouissance. Qu'arrivait-il en matière de créances? Le vendeur doit garantir l'existence d'une créance, d'une action et d'un débiteur, mais il ne répond

1. D. XVIII, iv, 14. Paul.
2. D. XVIII, iv, 23, § 1. Hermoginien, « Nominis venditor, quidquid vel compensatione vel exactione fuerit consecutus integrum emptori restituere compellitur. »

pas de la solvabilité du débiteur [1]; en un mot, il garantit qu'il y a créance. Remarquons que pour cela [2] il ne suffit pas qu'il existe une action contre le débiteur, il faut encore que celui-ci ne puisse pas la repousser par une exception péremptoire ou par tout autre secours prétorien. *Creditores accipiendos esse constat, eos quibus debetur ex quacumque actione vel persecutione, vel jure civili sine ulla exceptionis remotione, vel honorario, vel extraordinario, sive pure, sive in diem vel sub conditione* [3]. Aussi Paul nous dit-il [4] : *Et quidem sine exceptione.* Le vendeur répond non seulement qu'il y a un débiteur, mais aussi qu'il n'est armé d'aucune exception, il faut ajouter péremptoire, car l'exception dilatoire n'attaque nullement le fond de la créance et n'est fatale que si l'on agit inopinément [5].

Des pactes ajoutés à la vente peuvent encore diminuer cette responsabilité. *Debitorem autem esse, præstare, nisi aliud convenit*, dit Ulpien [6]. Une hypothèse semblable est prévue par la loi x (*de hereditate vel actione vendita*) : il y a eu vente d'hérédité avec cette adjonction : *Si quid juris esset venditoris nec postea quidquam præstitu iri* [7]. Plus tard le vendeur se trouve ne pas être héritier et Javolenus décide que le vendeur n'est passible d'aucun recours. Ulpien ajoute, dans la loi suivante [8], qu'il doit en être ainsi, que la chose vendue n'était qu'une espérance d'hérédité.

1. D. XVIII, iv, 4, Ulpien, et xiv, § 1, Paulus.
2. D. L, 16, lois 10, 11, 12, 54-55, 198, et D. XL, xii, 20, § 3. Ulpien.
3. D. L, xvi, 10. Ulpien.
4. D. XVII, iv, 5, Paul.
5. Si au moment de la vente *perfecta* il n'y avait pas eu créance, la vente serait elle-même nulle. L'acheteur pourrait réclamer son prix par la *condictio indebiti*, sauf à agir ensuite par l'action *de dolo*, s'il avait souffert de cette absence de créance.
6. D. XVIII, iv, 4, *in fine*. Ulpien.
7. D. XVIII, iv, 10. Javolenus.
8. D. *id.*, 11. Ulpien.

Un pacte peut aussi augmenter la responsabilité du vendeur ; ainsi, s'il a été dit que le débiteur devait une somme déterminée, le vendeur par l'action *ex empto* peut être poursuivi *in eam summam* [1], pour être condamné à parfaire la somme, si le débiteur devait moins.

Tout dol de la part du vendeur peut aussi changer sa responsabilité et l'étendre. Ainsi, sachant que le débiteur était insolvable, s'il a circonvenu l'acheteur pour lui laisser ignorer cette circonstance qui l'aurait empêché de conclure la vente ; ou si, la vente ayant eu lieu, il l'a empêché de poursuivre le débiteur en temps opportun ; ou enfin si, dans l'espèce citée plus haut de *vente de créances*, *s'il y a créance*, le vendeur savait qu'il n'en existait pas [2], dans tous ces cas et autres qui pourraient se présenter, le juge devant lequel est portée l'action *ex empto* doit tenir compte du dol [3].

Mais si aucun pacte n'a été ajouté pour déterminer l'état, la valeur de la créance, la solvabilité du créancier, s'il n'y a pas eu dol et s'il y a créance dans le sens de la loi x *de verborum significatione*, le vendeur ne doit rien à l'acheteur, quoique celui-ci n'ait pas été payé par suite d'insolvabilité du débiteur, par exemple [4]. Si au contraire il n'y a pas de créances, il faut distinguer : 1° s'il n'existait

1. D. *id.*, 5. Paulus.
2. D. XVIII, IV, 12. Gaïus.
3. C'est par l'action *ex empto* et non par l'action *de dolo* qu'il faut agir, car nous savons que celle-ci n'est donnée que lorsque par aucun autre moyen l'on ne peut arriver à se faire tenir compte du dol.
4. « Locupletem esse venditorem, non debere præstare. » D. XVIII, IV, 4. Ulpien. — La loi 49, au Digeste, XXIV, 3, de Paul., semble, au cas de cession de créances *dotis causa*, rendre en tous cas le cédant responsable de la solvabilité du débiteur au moment de la constitution de dot, mais non de sa solvabilité future. Mais il ne faut pas étendre cette décision. Papinien dit le contraire, D. XLVI, III, 96, § 2, au cas de dation en payement.

pas de créances au moment de la vente, la vente est nulle, faute d'objet; si le prix a été payé, on peut le répéter par la *condictio causa data*. 2° Si au contraire il existait une créance, mais vicieuse, contre laquelle on pût faire valoir une exception, la vente est valable, mais le vendeur, si on oppose cette exception, est tenu par l'*actio empti*, *quanti interest emptori* [1]. Javolenus semble vouloir tracer des règles [2] à cet égard et fixer ce *quid interest* selon les circonstances, à propos d'une vente de l'hérédité; mais il n'existait vraiment pas de règles bien déterminées : l'action *ex empto* était de bonne foi, le juge était omnipotent dans sa condamnation, *quidquid dare, facere, præstare oportet ex fide bona ;* il pouvait ordonner la restitution du prix et de ses intérêts du jour du payement, des dépenses dans lesquelles avait été entraîné l'acheteur, et de toutes pertes que cette vente avait pu occasionner à l'acheteur : *quid interest, — quanti interest emptoris, — si quid emptoris interest*, telles sont les expressions générales dont se servent les textes [3].

Il est bon de remarquer qu'en matière de vente ordinaire on faisait, pour déterminer le *quid interest*, en cas d'éviction des *stipulationes duplæ :* le préteur les avait même ordonnées en certaines circonstances; le vendeur promettait de payer à l'acheteur, en cas d'éviction, le double du prix. Quoique l'on ne trouve pas ces stipulations relatées à propos de la vente de créances, rien ne s'opposait à ce qu'elles eussent lieu; elles offraient le double avantage d'éviter l'appréciation arbitraire du juge, de faciliter la vente de créance et, par conséquent, les relations commer-

<hr>

1. D. XVIII, iv, 5. Paul.
2. D. XVIII, iv, 8. Javolenus.
3. D, XVIII, iv, 5 et 9, et autres.

ciales, en assurant à l'acheteur une indemnité peut-être plus élevée et au moins certaine. Ces stipulations pouvaient s'élever du simple prix jusqu'au quadruple; si elles avaient eu lieu, l'on agissait par l'action *ex stipulatu*, au lieu d'agir, *ex empto*.

Cette fixation de l'indemnité pouvait avoir lieu par un pacte; alors l'on agissait toujours par l'action *ex empto*; seulement, si le pacte était incontinent adjoint à la vente, il tenait le juge *ipso jure*, sans avoir besoin de faire insérer l'exception dans la formule [1]; s'il n'avait été fait que *ex intervallo*, le juge n'en pouvait tenir compte que lorsque l'exception était insérée dans la formule d'action, car la base de ses appréciations était le contrat de vente lui-même et non ce qui avait eu lieu postérieurement. Cependant nous savons que, quoique fait *ex intervallo*, si le pacte eût changé une des choses substantielles de la vente (l'objet, le prix ou le consentement), le pacte eût agi *ipso jure*, remplaçant la première vente par une nouvelle [2], *Omnibus integris manentibus*.

La responsabilité du vendeur est analogue pour les gages et autres garanties de la créance principale; il répond de leur existence et non de leur efficacité: *Periculum pignorum nominis venditi ad emptorem pertinere, si tamen probetur eas res obligatas fuisse* [3]. L'éviction du gage entraîne obligation de la part du vendeur, de céder l'action *pigneratitia contraria*, qui naît contre le débiteur de cette éviction [4]. Le dol doit aussi modifier cette responsabilité : ainsi, si le vendeur de créances savait que le gage n'appartenait pas au débiteur, il ne sera pas quitte envers l'acheteur en lui

1. D. II, xiv, 7, § 4. Ulpien.
2. D. XVIII, i, 72. Papinien.
3. D. XX, i, 30, Paul, et D. XXI, ii, 68, § 1, Papinien.
4. D. XXI, ii, 38. Ulpien.

cédant son action *pigneratitia contraria*, il sera encore tenu de *dolo suo*, et à ce titre sera passible de *l'actio ex empto* [1].

Remarquons enfin que des stipulations et de simples pactes peuvent modifier les rapports du vendeur et de l'acheteur, en ce qui concerne les accessoires, comme en ce qui concerne la créance principale.

Ces règles furent-elles changées par les constitutions d'Anastase et de Justinien? Je serais fortement porté à le croire, quoique ces constitutions ne s'occupent nullement des rapports du vendeur de créance et de l'acheteur; elles décident que tout cessionnaire de créance pour un prix ne peut exiger plus que le prix qu'il a déboursé et les intérêts de ce prix; je crois que dès ce moment le créancier vendeur ne pourra être poursuivi, sous le prétexte que le débiteur n'a pas payé intégralement et qu'il existait une exception péremptoire qui a paralysé la créance; en effet, les lois *per diversas* et *ab Anastasio*, sont faites contre les acheteurs de procès pour arrêter l'agiot qui existait alors. L'on ne comprendrait guère que les empereurs Anastase et Justinien aient permis le recours contre le vendeur, au cas où le débiteur invoquerait leur constitution; cependant rien n'annonce cette réforme, et il était dans la pratique un moyen bien simple d'éviter toute difficulté, c'était de faire, en même temps que la vente, un pacte par lequel il serait convenu que, au cas ou le débiteur invoquerait son bénéfice, l'acheteur n'aurait aucun recours.

§ 4. — Obligations de l'acheteur.

La principale obligation de l'acheteur était de *dare pre-*

1. D. XIX, 1, 11, § 16. Ulpien.

tium, transférer la propriété du prix convenu et cela à l'époque et au lieu convenu.

Mais de nouvelles obligations peuvent être créées à l'acheteur de créances, à peine de déchéance de son droit à la garantie. Ainsi, supposons que le vendeur ait garanti la solvabilité du débiteur, non-seulement au moment de la vente, mais encore au moment de l'exigibilité. Si, à cette époque, l'acheteur n'agit pas contre le débiteur et que, plus tard, quand il se présentera, le débiteur se trouve insolvable, il y a eu faute de l'acheteur, et si l'insolvabilité est survenue postérieurement à l'époque de l'exigibilité, quand l'acheteur agira *ex empto* pour se faire indemniser, le juge appréciant, *ex bona fide*, ne pourra faire droit à sa demande.

Il pourrait même arriver que l'acheteur ait une obligation plus directe à remplir. Supposons qu'un gage existât entre les mains du vendeur ; il a été livré à l'acheteur et un pacte est survenu pour garantir non-seulement que le gage avait été régulièrement constitué, mais encore qu'il appartenait au débiteur, l'acheteur est évincé de ce gage, il a un recours et agit *ex empto* ; mais, si l'acheteur est en faute, s'il a négligé quelque moyen de défense qui aurait empêché l'éviction, une exception, par exemple, ou tout autre secours prétorien, le juge devra encore absoudre le vendeur ; plus tard, le débiteur payant réclamera son gage, et nul doute que le cessionnaire ne soit forcé de payer une indemnité, s'il a négligé de défendre le gage contre le revendiquant, par tous les moyens que pouvait avoir le débiteur. Plus tard, Constantin créa pour tout détenteur, (*quolibet modo possidens*)[1], l'obligation de déclarer au nom de

---

1. C. III, xix, 2. Constantin.

qui il possédait (*laudatio domini*), afin de citer au procès le véritable intéressé et d'éviter de nouveaux recours; nul doute que l'acheteur possédant le gage fut alors forcé, comme tout autre détenteur, de nommer la personne pour laquelle il possédait, c'est-à-dire le débiteur; s'il le faisait, toute responsabilité lui était ôtée : que le débiteur défendit bien ou mal le procès, s'il était évincé, je pense que l'acheteur avait toujours, d'abord contre le débiteur, l'*actio pigneratitia contraria*, comme nous l'avons déjà vu, et encore contre le créancier vendeur, l'*actio ex empto*, s'il souffrait de cette éviction, c'est-à-dire si, par suite de la perte du gage, il n'était pas payé[1].

TROISIÈME SECTION.

EFFETS DE LA VENTE DE CRÉANCE DANS LES RAPPORTS DU DÉBITEUR, SOIT AVEC LE CRÉANCIER VENDEUR, SOIT AVEC L'ACHETEUR.

§ 1. — Effets de la vente entre le débiteur et le vendeur créancier.

La vente par elle-même ne changeait en rien les rapports entre le créancier vendeur et le débiteur; seulement il pouvait arriver que l'exécution du contrat pût y apporter des perturbations remarquables; si cette exécution avait lieu par la novation, le débiteur se trouvait libéré envers le créancier vendeur, et un nouveau lien de droit était créé

1. Voir à ce sujet M. Pellat, *De la propriété et de l'usufruit*, commentaire sur la loi 9 *de rei vendicatione* (D. vi, 1), page 155, édition 1853.

entre lui et l'acheteur, des rapports nouveaux commençaient. Si cette exécution avait lieu par mandat d'actions, la position restait la même jusqu'à la *litis contestatio*; le créancier pouvait poursuivre, recevoir le payement, faire une acceptilation, nover, transiger, etc. Mais, si cette *litis contestatio* opérait novation, il se produisait alors un effet analogue à celui produit lorsque l'exécution avait lieu directement par la novation. Nous avons vu que plus tard, tout en reconnaissant que le créancier restait toujours créancier, on interdit toute poursuite à celui-ci et la possibilité de payement entre ses mains par le débiteur, lorsque étaient survenus certains événements : pacte entre l'acheteur et le débiteur, payement partiel à cet acheteur, *litis contestatio* même ne produisant pas novation entre l'acheteur *procurator in rem suam*, et le débiteur; enfin le même effet est attaché à la *denuntiatio*.

Les actions utiles vinrent apporter les dernières réformes en cette matière ; le vendeur reste bien créancier, mais, du jour même de la vente, l'acheteur peut poursuivre le débiteur, sans avoir besoin d'un mandat; seulement, par respect pour les principes, son action est *utilis*, il agit comme si un mandat lui avait été donné.

Il est bon d'examiner ici quel serait l'effet d'une seconde vente de la même créance faite à une autre personne. Pour résoudre la question, il faut distinguer; le résultat sera différent selon les hypothèses.

1° Si le créancier est encore créancier, s'il n'y a eu ni novation directe, ni *litis contestatio* produisant une novation indirectement (novation forcée), l'émolument de la créance, le droit de la poursuite appartiendra non pas à celui des deux acheteurs qui obtiendra le premier d'être fait *procurator in rem suam*, mais bien à celui qui sera le plus diligent et soit par *litis contestatio*, payement partiel, *denuntiatio*, ou pacte aura le premier lié le débiteur envers lui, l'autre acheteur ayant toujours l'action *ex empto* contre son vendeur.

2° Si le créancier est encore créancier, et si, avant d'avoir fait le premier acheteur *procurator in rem suam*, ou avant même que ce premier acheteur ait lié le débiteur à lui par l'un des événements qui paralysent les droits du vendeur, le créancier vend à un second acheteur cette même créance, et fait opérer une novation en sa faveur, le premier acheteur ne peut plus agir; car s'il n'était pas déjà *procurator in rem suam*, il ne peut le devenir, le créancier n'étant plus créancier : s'il était déjà *procurator in rem suam*, quand il voudra intenter son action, le débiteur répondra qu'il est libéré, qu'il ne doit rien au mandant, et l'*intentio* n'étant pas fondée, l'acheteur perdra le procès, il ne restera que le recours par l'*actio ex empto* contre le vendeur.

3° Après l'introduction des actions utiles, il paraîtrait *à priori* que la seconde vente de la créance ne donna presque toujours au second acheteur qu'un droit à se faire indemniser par l'action *ex empto* contre le vendeur; il y avait encore créance, donc la vente est valable, mais le vendeur n'a pu vendre que le droit qui lui restait, c'est-à-dire primé par l'action utile. Cependant il n'en était pas toujours ainsi. En effet, l'action utile ne faisait pas que le créancier ne pût plus exercer l'action contre le débiteur, recevoir un payement, etc., etc. L'action utile avait procuré à l'acheteur un moyen d'agir plus rapide, avait rendu son action indépendante de la mauvaise volonté du vendeur à donner le mandat d'action, mais elle n'avait jamais enlevé au vendeur l'exercice du droit qui lui restait comme créancier. Si donc le premier acheteur a exercé son action ou lié envers lui le débiteur, il ne reste au deuxième acheteur que le recours *ex empto*. Il en sera de même si le second acheteur agissant, le premier se présente en concurrence avec lui, armé de l'action utile, car il eût été préféré au vendeur lui-même; mais si le second acheteur, agissant le premier, opère la *litis contestatio*, ce second acheteur devra l'emporter, et ce sera au premier acheteur à recourir contre le vendeur par l'action *ex empto*.

4° Enfin si nous supposons la seconde vente faite après que le vendeur ne pouvait plus agir efficacement lui-même. Il faudra distinguer 1° s'il y a eu novation; si le vendeur n'est plus créancier, la vente est assurément nulle, faute d'objet, et si le prix a été payé, le second acheteur peut le redemander par la *condictio causa data*[1] et non par l'action *ex empto*; 2° s'il n'y a pas eu novation, mais que le vendeur ne puisse plus agir efficacement, parce qu'on le repousserait par une exception, s'il était toujours créancier dans le sens large du mot. La seconde vente ne sera pas complétement nulle, le vendeur sera passible seulement par l'action *ex empto* du *quid interest*.

Nous ne présentons ici que les hypothèses qui peuvent surgir le plus ordinairement, mais s'il était survenu des pactes entre le vendeur et l'acheteur, si nous compliquions leurs rapports par des considérations de dol, nous aurions des espèces et des décisions très-variées, nous verrions se dérouler toute la procédure de Rome.

§ 2.—Effets de la vente de créances entre le débiteur et l'acheteur.

La vente par elle-même ne crée aucun rapport entre

1. « Et non *ob rem dati.* »

l'acheteur et le débiteur, mais c'est son exécution qui peut donner lieu à des questions importantes.

S'il y a eu novation, le résultat est bien simple ; une nouvelle créance est formée entre l'acheteur et le débiteur, et tout doit se régler entre eux, abstraction faite de tous droits que pouvait avoir le créancier primitif vendeur. Ces rapports nouveaux ont leurs règles particulières. Mais s'il y a eu cession d'action, alors commencent des difficultés réellement sérieuses pour réglementer les rapports entre le *procurator in rem suam* et le débiteur. Le *procurator in rem suam*, en effet, représente le créancier, mais aussi il agit pour son propre compte, et ce double caractère donne lieu à de nombreuses discussions.

En principe, le cessionnaire est le représentant du mandant ; il doit donc exercer la créance contre le cédé, comme l'aurait fait le cédant lui-même : il peut demander tout ce que pouvait demander le cédant lui-même, il pourra donc agir tant contre le débiteur principal que contre les *intercessores*, les détenteurs d'objets hypothéqués[1] ; il pourra exiger tant le principal que les intérêts de la créance[2]. Mais pourra-t-il se prévaloir des priviléges qu'aurait pu invoquer le créancier lui-même ? Ici les textes semblent contradictoires ; les commentateurs sont en désaccord, et le double caractère du *procurator in rem suam* prête largement à la discussion.

Il y avait à Rome plusieurs classes de créanciers. Les simples chyrographaires, les chyrographaires ayant *privilegium exigendi*, les créanciers hypothécaires, et parmi ceux-ci des hypothécaires préférés, soit *tempore* à cause de la date de leur *hypotheca*, soit plus tard à cause d'un

<hr>

1. XVIII, iv, 23. P. Hermogénien.
2. D. XXXII, L., 34. Scœvola.

privilége accordé à la personne du créancier ou à la qualité de la créance. Certains droits de préférence avaient été aussi établis à raison du mode plus solennel de la constitution de la créance (Zénon).

Quand avait lieu la vente des biens du débiteur [1] le prix de ces biens se divisait entre les divers créanciers, d'après leurs droits divers assez compliqués, qu'il ne nous appartient pas d'exposer ici. Mais les créanciers auxquels était accordé le *privilegium exigendi* pouvaient se faire payer avant les autres simples chyrographaires; les créanciers hypothécaires leur étaient préférés sur le prix de vente de la chose à eux spécialement affectée. Le rang des hypothécaires entre eux se réglait par l'antériorité de l'acte constitutif de leur hypothèque, le droit de préférence accordé à certains créanciers à raison de la qualité de cet acte public ou *quasi publice confectum*, et les *privilegia* accordés à certains créanciers ou à certaines créances hypothécaires [2]. L'on comprend quel était l'intérêt de savoir si le cessionnaire pourrait invoquer les *privilegia* qui auraient pu appartenir au cédant.

Pour la préférence accordée sur les créanciers chyrographaires aux hypothécaires, aucun doute ne peut s'élever ; l'hypothèque est pour ainsi dire liée à la créance, elle la suit en toutes mains : *emptori nominis etiam pignoris persecutio præstare debet* (Paul). Ne resterait-il de la créance primitive qu'une créance naturelle, l'hypothèque reste pour la soutenir [3]; mais la difficulté surgit pour le *privi-*

---

1. On avait eu d'abord l'*addictio* ou *adjudicatio* du débiteur; l'on eut ensuite la *proscriptio bonorum* et la *successio per universitatem* du droit prétorien, puis enfin l'on eut la vente ces biens en détail, par un *curator bonorum*, constitué par les créanciers.

2. Voir Marcsoll. §§ 116 et 153, et Pellat, *Traité du gage*, p. 93 et suiv.

3. D. XX, 1, 14, § 1, Ulpien. Voir plus haut section II, § 2.

legium exigendi entre créanciers chyrographaires et les *privilegia* entre créanciers hypothécaires.

Paul trace une règle qui doit ici nous servir de base, il dit : *In omnibus causis id observatur ut ubi personæ conditio locum facit beneficio, ibi deficiente eo, beneficium quoque deficiat, ubi vero genus actionis id desiderat, ibi ad quamvis persecutio ejus devenerit non deficiat ratio* [1]. Le cessionnaire pourra donc se prévaloir des priviléges qui sont attachés à la nature de la créance. Tels sont : Le privilége accordé à celui qui prête de l'argent pour la reconstruction d'un édifice [2], l'hypothéque privilégiée accordée à celui qui prête de l'argent pour conserver une chose déjà hypothéquée; ainsi, pour équiper et radouber un navire (Pellat, *Du Droit de gage*, § 18 (221) n° 1) [3], et encore le droit d'être préféré aux autres créanciers hypothécaires à raison de l'antériorité de leur hypothéque ou à raison de la confection de leur hypothéque, *publice* ou *quasi publice confectum.*

Le cessionnaire, au contraire, ne pourra pas se prévaloir des priviléges qui n'ont été accordés qu'à la qualité du créancier. Ainsi, le privilége du mineur contre son tuteur, contre tous ceux, même *negotiarum gestores*, qui ont administré ses biens [4], celui de la femme contre le mari [5], de la fiancée contre son fiancé, le mariage n'ayant pas lieu [6]. Enfin, l'hypothéque privilégiée du fisc et de la femme (voir M. Pellat, *Droit de gage*, § 18 (221) n° 2 et 3).

---

1. D. L. xvii, 68, Paul, et XLII, v, 24, § 1, Ulpien.
2. D. XII, i, 25. Ulpien.
3. D. XX, iv, 5. Ulpien. L'on peut citer encore le privilége pour les personnes qui ont fourni aux frais funéraires. D. XLII, v, 17. P. Ulpien.
4. D. XLII, v, 19, § 1, Ulpien. *Id.*, 22, § 1, Ulpien, et 23, Paul.
5. D. XLII, v, 19. P. Ulpien.
6. D. XLII, v, 17, § 1. Ulpien.

Le texte que nous avons cité pour en tirer une règle, n'est pas le seul : Modestin, dans la loi 196 *de regulis juris* [1], applique la même distinction pour reconnaître les priviléges qui passent aux héritiers du créancier, et ceux qui ne peuvent être invoqués par eux, quoique l'on ne puisse pas dire d'une manière absolue *quæ non sunt transmissibilia non sunt cessibilia.* Cependant ici les deux règles semblent se confondre, et Papinien lui-même [2], après avoir refusé au tuteur condamné pour le tout, et constitué *procurator in rem suam* contre ses co-tuteurs, les priviléges du mineur, donne pour raison de sa décision que l'héritier lui-même du mineur ne pourrait se prévaloir de ce privilége, attendu, dit-il subsidiairement, que le secours a été donné au mineur et non au genre d'affaire *personæ et non causæ succuritur.* Quoiqu'il en soit, cette distinction présente un double avantage : 1° elle concilie deux lois au *Digeste*, qui sans cela seraient en opposition évidente. C'est la loi de Papinien dont nous venons de parler, 42. *De administ. et per tut* [3], et la loi 24, § 3, *De rebus auct. jud. poss.* [4]. Dans cette dernière, et contrairement à Papinien, le jurisconsulte Ulpien décide ainsi que dans la loi 2 (D l. 42, t. III) que les priviléges du créancier passent au cessionnaire. En supposant que Papinien est dans l'espèce du privilége du pupille essentiellement personnel, Ulpien, au contraire, dans l'hypothèse d'un *privilegium causæ,* toute opposition disparaît. 2° Elle est très-logique. En effet, si le *privilegium* est accordé en considération de la qualité du créancier, ce créancier a le droit de s'en prévaloir en cas de concours.

---

1. D. L, xvii, 196. Modestin.
2. D. XXVI, vii, 42. Papinien.
3. D. XXVI, vii, 42. Papinien.
4. D. XLII, v, 24, § 3. Ulpien.

Mais ce créancier ne se présentant pas, toutes les créances doivent venir au *prorata*, et le *procurator in rem suam*, quoique mandataire du créancier privilégié, ne se présente pas comme faisant l'affaire du mandant, mais bien comme faisant sa propre affaire : il ne peut donc faire valoir que sa propre qualité ; si, au contraire, le *privilegium* est accordé en considération de l'espèce de la créance, par exemple pour favoriser certaines circonstances antérieures à sa création, mais qui l'ont influencé, alors ce privilége fait partie intégrante de la créance : quelle que soit la personne qui réclame le privilége, elle devra être écoutée, car la créance est toujours la même [1].

Mais outre ces priviléges et autres droits de préférence, il peut exister certains droits particuliers. Ainsi, droit pour le fisc d'exiger des intérêts sans convention préalable [2], droit pour le fisc et quelques classes de personnes de faire juger la cause devant des juges particuliers. « (V. C., Ubi senat. vel. clar. civ. 3. 24. Et : Ubi causa fisc vel. div. 3. 27.) » Je crois que la règle déjà posée est encore applicable ici. En principe, le droit du fisc d'exiger des intérêts ne passera pas à ces cessionnaires, parce qu'ils sont accordés au fisc et non à une espèce de créance. Il en serait tout autrement si le créancier avait vendu et fait cession d'un prix de vente, de louage ou d'une somme due par tout autre contrat de bonne foi. Le cessionnaire pourrait réclamer des intérêts *ex mora* aussi bien que le créancier, car c'est là un droit attaché au genre de la créance et non à la personne du créancier : *In bonæ fidei contractibus ex*

---

1. Ulpien semble même dire, à propos des priviléges pour les frais funéraires, qu'une novation de la créance première n'éteindrait pas le *privilegium exigendi*. XLII, v, 17, *in fine*. « Quare si in stipulatum funeris impensa deducta est, dicendum est, locum esse privilegio.

2. D. XXII, t, 17, § 5 et 6. Paul.

mora usuræ debentur [1]. De même, si certaines affaires pouvaient être présentées devant certains juges, le cessionnaire jouirait du même droit que le cédant.

L'on peut opposer à ce système un fragment du *Digeste*. Modestin dit en effet 43 *de usuris* [2], que celui auquel le fisc a fait une cession d'action peut réclamer les intérêts du débiteur quoiqu'ils n'aient pas été déduits dans une stipulation.

Diverses interprétations ont été données pour mettre Modestin en harmonie avec le principe. Cujas corrige le texte et ajoutant un nom sur la foi des Basiliques [3], il trouve un sens tout opposé : *le cessionnaire du fisc ne peut exiger du débiteur les intérêts qui n'ont pas été stipulés.* Dans une autre interprétation l'on conserve le texte, seulement on en restreint l'application. Modestin répond dans cette loi à une question qui lui est posée et rien dans le texte ne prouve que l'on demandât au jurisconsulte si l'on pouvait, étant cessionnaire du fisc, exiger du débiteur des intérêts jusqu'au payement ; rien n'empêche de penser, soit que le cessionnaire, agissant immédiatement après la créance, demandait s'il pouvait exiger des intérêts jusqu'à ce jour, soit que, agissant longtemps après, il demandait s'il pourrait exiger les intérêts jusqu'au jour de la cession : cette solution applanirait toute difficulté. Mais en rejetant même la correction de Cujas, en prenant le texte *lato censu*, nous ne verrions rien d'extraordinaire dans cette décision : contraire au principe, elle ne pourrait pas le détruire ; ce serait un droit énorme accordé au fisc afin qu'il pût plus facilement convertir ses

1. XXII, 1, 32, § 2. Marcien.
2. XXII, 1, 43. Modestin.
3. Cujas. sur cette loi, 43, *de usuris*, t. VI, page 692.

créances en argent comptant. Ne voyons-nous pas plus tard[1] les empereurs déclarer que l'aliénation faite par le fisc de choses dont il n'était pas propriétaire serait valable, que ceux auxquels elle aurait été faite ne pourraient être inquiétés, que le propriétaire n'aurait qu'un recours contre le fisc et que ce recours ne durerait que quatre ans : n'est-ce pas là une règle qui viole les principes sur la transmission de la propriété et la prescription ? nul n'a cependant, à cause de cette exception, mis le principe en doute.

En terminant, il est bon de porter une restriction à la règle générale que nous avons posée : il est vrai que le cessionnaire ne pourra se prévaloir des priviléges accordés à son cédant, mais cependant, si l'effet de ces priviléges s'est réalisé entre les mains du cédant, il y a là un droit acquis, un accessoire de la créance et le cessionnaire peut s'en prévaloir. *Omne jus quod ex causa ei competit cedere debet.* Ainsi dans l'hypothèse de la loi XLIII *de usuris*, le cessionnaire du fisc peut demander au débiteur tout ce qu'il doit au fisc au moment de la cession, c'est-à-dire non seulement le capital, mais encore les intérêts jusqu'au jour du mandat.

Si le procurateur *in rem suam* ne peut se prévaloir des priviléges accordés à la personne du cédant, peut-il au moins user de ses propres priviléges ? Remarquons ici simplement que le vendeur est toujours créancier, que le cessionnaire est un simple *procurator*, qu'il ne peut invoquer que les droits de son mandant. En invoquer d'autres ce serait rendre pire la position du débiteur et on ne le peut sans son consentement : ce débiteur est

---

1. D. VII, XXXVII, 3 et 2, Zénon et Justinien.

complétement étranger à la vente et au mandat qui peuvent même avoir lieu *invito eo*. Ces principes ressortent du rapprochement de la loi xxv au code *de pactis*[1] et de la loi xli au Digeste *de regulis juris aut.*[2] Ils sont approuvés d'une manière générale par Ulpien, Digeste, 156 § 3 *de reg. jur. aut.*[3].

Cependant la loi 6 *de jure fisci* semble faire exception à cette régle générale — la loi xvii § 5 *in fine de usuris et fructibus* (Digeste)[4] et la loi ii *de fiscalibus usuris*[5] au code nous montrent le fisc prenant généralement la place du débiteur auquel il succède dans la dette et, payant les intérêts comme un simple citoyen, quoique ordinairement il ne paie pas d'intérêts : mais comme créancier, il a un *privilegium exigendi* et le droit particulier d'exiger des intérêts sans stipulation. Ulpien nous dit dans la loi vi *de jure fisci*[6] que lorsque le fisc succède à la créance d'un particulier, il peut réclamer des intérêts à partir du jour où il agit contre le débiteur, ou du jour où celui-ci avoue la dette[7]. Quant au *privilegium exigendi*, Ulpien ne l'accorde que lorsque la créance a été portée *inter nomina debitorum*.

Si les lois romaines avaient encore fait là une véritable exception pour le fisc, nous n'y verrions certes rien d'extraordinaire, mais nous ne le croyons pas. Les partisans de cette opinion la défendent en voyant dans notre loi d'Ulpien l'hypothèse d'une succession universelle. Je

1. C. II, iii, 25. Dioclétien.
2. D. L, xvii, 41. Ulpien.
3. *Id.*, loi 156, § 3. Ulqien.
4. D. XXII, i, 17, § 5. Paul.
5. C. X, viii, 2. Alexandre.
6. D. XLIX, xiv, 6. P. Ulpien.
7. D. XXII, i, 17, § 6. Paul.

crois que l'on peut aller plus loin, et dire qu'il n'y a ici exception au principe que nous avons posé, refusant au procurateur le droit de se prévaloir de ses priviléges particuliers, ni dans le cas de succession universelle du fisc, ni dans le cas ou il achète une créance. En effet, ce n'est pas au fait de la succession au droit d'un tiers que notre loi attache le droit pour le fisc de faire valoir ses priviléges, mais bien à un fait postérieur, la novation forcée s'il s'agit des intérêts à faire courir, la novation volontaire s'il s'agit du *privilegium exigendi;* alors l'ancienne dette est éteinte, le fisc a un droit tout nouveau, une créance qui nait en lui, et pour laquelle il peut comme pour toute autre demander des intérêts, user de son *privilegium.* Paul confirme cette interprétation par ces mots, *si debitores, qui minores semissibus prestabant usuras, fisci esse cœperunt, postquam ad fiscum TRAN-SIERUNT semisses cogendi sunt præstare.* Quand est-ce qu'un débiteur *transit ad fiscum?* ce n'est évidemment que lorsqu'il devient débiteur du fisc par une novation forcée ou volontaire. Notre interprétation n'est pas non plus contraire à la loi XVIII *de novationibus*[3]. Paul nous dit en effet : *Novatione legitime facta...... usuræ non currunt*[4] car ici *la litis constestatio* n'a pas pour but de faire courir les intérêts, mais seulement de rendre le fisc créancier, c'est en vertu de son droit propre qu'il réclame des intérêts.

Il s'agit maintenant de voir, l'instance étant engagée, quels sont les moyens de défense du débiteur; sont-ils chan-

---

1. D. XXII, 1, 35, Paul, et D. XLVI, 11, 18, Paul, *de novationibus.*
2. D. XXII, 1, 17, § 6. Paul.
3. D. XLVI, 11, 18. Paul.
4. Rapprocher la loi 35 des *usuris* (D. XXII, 1).

gés, amoindris? Il semblerait au premier abord, en partant du principe que le cessionnaire n'est qu'un *procurator*, et que le créancier n'a pas pu par sa seule volonté rendre pire la position du débiteur, que celui-ci peut user contre le cessionnaire de toutes les exceptions qu'il aurait pu valablement opposer au mandant : et cependant il n'en est pas toujours ainsi. L'on comprend que tout naturellement l'origine de l'exception doit avoir une certaine influence. Le débiteur tire-t-il son moyen de défense de la nature même de la créance, de la personne du cédant, de la personne du cessionnaire ou de sa propre personne : telles sont les diverses hypothèses où il faut nous poser pour examiner convenablement la question.

Le débiteur pourra toujours opposer au cessionnaire les exceptions tirées du fond même de la cause, quelles soient péremptoires ou dilatoires, la cession n'a pu changer le genre de la dette, sa manière d'être : ainsi s'il y a eu violence, le débiteur pourra opposer l'exception de violence, et encore l'exception *non numeratæ pecuniæ*.

Le débiteur peut aussi généralement opposer au cessionnaire les exceptions tirées de la personne ou du fait du cédant : ainsi l'exception *de non petendo, compensationis*. Cependant il faut admettre quelques restrictions : nous savons, en effet, que, postérieurement à la notification de la cession faite par le cessionnaire au débiteur, celui-ci ne pouvait plus se libérer en payant au cédant : il ne pourra non plus opposer au cessionnaire les exceptions qui auraient pris naissance *ex personna cedentis*, postérieurement à cette notification. Ainsi s'il ne peut recevoir le payement, il est évident qu'il ne peut faire un pacte *de non petendo*.

L'exception de dol a donné lieu aussi à diverses interprétations et distinctions. Quelques auteurs se fondant sur la loi 4, § 27 et 31 *de dol. mal. et met. excep.* [1] permettent de l'invoquer, si la créance à été vendue, ou si la cession a toute autre cause à titre onéreux; ils la refusent au contraire si la cause de la cession est une donation ou tout autre acte à titre gratuit. Mais c'est donner à tort aux textes un sens qu'ils n'ont pas. D'autres auteurs, se fondant sur la loi IV, § 17 *de doli mal. et met.* [2] permettent au débiteur de l'invoquer, si le dol a été commis lors de la naissance de l'obligation, la refusent, au contraire, si le dol est postérieur; mais dans ce nouveau paragraphe il ne s'agit pas non plus de cession. L'exception de dol n'est qu'une forme générale sous laquelle se trouvent compris tous pactes, toutes circonstances qui n'éteignent pas la dette, *ipso jure*, mais qu'il serait injuste de ne pas prendre en considération. Ainsi, le défendeur ayant fait insérer l'exception de dol dans la formule, peut ensuite faire valoir *in judicio*, soit la compensation survenue, soit le pacte *de non petendo*, et nous ne voyons nullement pourquoi nous donnerions une décision différente, lorsque l'exception est conçue d'une manière générale, et lorsqu'elle est conçue de manière à n'embrasser qu'une circonstance particulière, le caractère de l'exception étant toujours semblable sous le rapport qui nous occupe.

Le débiteur peut aussi opposer toutes exceptions tirées de la personne du cessionnaire, c'est-à-dire, de toutes conventions faites avec celui-ci et de tous faits à lui imputables. Cela tient à ce que, comme nous l'avons vu, contrairement au *procurator ad litem*, le *procurator in rem suam* peut, comme le mandataire général, recevoir

1. D. LIV. 4. 4. §§ 27 et 31. Ulpien.
2. D. *Idem*, § 17. Ulpien.

un payement et faire un pacte avec le débiteur. Et peu importe que ce pacte soit arrivé avant ou après la *denuntiatio*, pourvu qu'il soit postérieur au mandat d'action. Nous voyons même, dans un passage d'Ulpien, que par l'exception de dol le débiteur peut opposer au cessionnaire toute remise de dette ou transaction par lui faite, à quelque époque que cela soit [1].

La position personnelle du débiteur, vis-à-vis du créancier cédant, peut aussi donner lieu à des exceptions que ce débiteur peut invoquer contre le cessionnaire; ainsi : ce que les commentateurs ont appelé *beneficium competentiæ*, faveur accordée à certains débiteurs de n'être condamnés lorsqu'ils ont certaines personnes pour créanciers, que *quatenus facultates patiuntur*, jusqu'à concurrence de leur fortune (les ascendants débiteurs de leurs enfants) [2]. Le but du *beneficium* serait manqué si le fils, dans l'espèce, vendant la créance et faisant cession d'action, pouvait l'éluder. L'on dit que ce bénéfice tient aux rapports entre le demandeur et le défendeur à l'action, et qu'il ne peut être opposé qu'entre ces personnes. Mais d'abord, le demandeur est toujours le fils représenté par un tiers cessionnaire, et même, si nous rejetons cette raison, Gaius [3] nous montre ce bénéfice opposable aux héritiers du créancier, alors que les rapports sur lesquels il est fondé n'existent plus. L'on dit encore que le *beneficium competentiæ* n'est qu'une exception de procédure qui doit tomber après la cession; mais ce *beneficium* n'est pas une exception, mais bien une *adjectio* à la *condemnatio* qui affecte

<hr>

1. D. *Idem*, § 18. Ulpien. (XLIV, iv, 4.)

2. D. XLII, 1, 16 et 17 et 18, Ulpien, et 19, Paul, et 20, Modestin, et 21, Paul.

3. D. XXIV, iii, 27. P. Gaïus.

essentiellement le fond, du droit lui-même, puisqu'elle tend à diminuer la *condemnatio :* aussi n'hésitons-nous pas à dire que le débiteur peut s'opposer au cessionnaire quel qu'il soit: s'il y avait eu novation, mais non mandat d'action, le résultat serait différent. Paul signale cette différence[1], et on la comprend quand on songe que la cession se faisait *invito debitore ;* la novation, au contraire, avec son consentement.

Aux exceptions du débiteur le cessionnaire peut opposer des repliques, mais ici remarquons que ces exceptions peuvent être tirées de la personne du créancier cédant; si ce cédant avait pu les repousser par une replique, le cessionnaire pourra aussi le faire, quoique cette réplique se base sur un privilége personnel au cédant. Ainsi, le fisc, quand il attaquait un débiteur, ne pouvait être tenu de faire compensation avec ce qu'il devait lui-même[2]: le cessionnaire du fisc pourra répliquer au débiteur invoquant la compensation, en se fondant sur le privilége de son cédant, car il est juste que, du moment où le débiteur réveillé la personnalité du créancier pour en tirer avantage, le cessionnaire puisse en faire autant pour se défendre.

Une discussion s'est engagée à propos de quelques lois du Digeste, qui semblent contradictoires. Il s'agit de savoir si sle cessionnaire doit en général défendre son cédant, lorsque celui-ci est attaqué par le débiteur. Une première opinion distingue si la cause de la cession est gratuite ou à titre onéreux. Je ne vois, ni dans les lois qu'ils invoquent, et que nous citerons tout à l'heure, ni dans les principes généraux, rien qui puisse autoriser cette opinion. Une seconde opinion consiste à poser en principe

1. D. XLII, 1, 41. Paul.
2. D. XLIX, xiv, 46, §§ 4 et 5. Hermogenien.

la loi 34 [1] *de procuratoribus*, et écarter les lois 33, § 5 et 70 *de procuratoribus* [2]. Se fondant sur ce que *defendere* signifie là seulement *satisdare*, on déclare ces lois tout à fait étrangères à la question ; et alors, selon ces auteurs, le cessionnaire ne doit pas se porter défendeur de son cédant attaqué. Il est vrai que *defendere* est quelquefois pris en ce sens, mais cela ne peut avoir lieu dans les lois qui nous occupent. En effet, dans la loi 70, le mot *defendere* n'y est pas seul, il a un régime, *defendat* HEREDES les *mandantes actionis*, dans l'hypothèse, et jamais *defendere mandantem* n'a voulu dire donner caution pour agir comme procureur. Le paragraphe 5 de la loi 33, au premier abord, prèterait davantage à cette interprétation, le verbe *defendere* y est en effet employé seul, mais on ne remarque pas le membre de phrase *adhuc erit discendum*, qui rattache cette décision au paragraphe précédent, dans lequel le sens de défendre n'est pas douteux ; il y est dit, en effet : *etiam defensionem suscipere*, et le sens de ces deux passages est celui-ci, que le *procurator* soit simple *procurator ad litem*, ou *procurator in rem suam*, il doit défendre le mandant contre le débiteur cédé. Nous croyons donc devoir rejeter cette seconde interprétation, et nous dirons avec *Cujas* [3] que la loi 70 et le paragraphe 5 de la loi 33 doivent former la règle. Le *procurator in rem suam* doit défendre à l'action intentée contre le mandant par le débiteur cédé, à moins que la cession ait été nécessaire, *nisi forte ex necessitate fuerit facta*, c'est-à-dire amenée par la pauvreté, le mauvais état de la fortune du cédant. Cette opinion est confirmée par une constitution d'Antonin, *de pro-*

---

1. D. III, III, 34. Caïus.
2. *Id.* XXXIII, § 5, Ulpien, et 70, Scævola.
3. Cujas, *ad legem*, 70, *de procuratoribus.*

curatoribus (2, 13), 5, et par un passage de Paul, au Digeste, *de procuratoribus* (3, 3,) 43, § 4, qui refusent l'action au *procurator ad litem*, qui ne veut pas défendre l'absent au nom duquel il veut agir, et par la loi 4 *de tutelis*.

La loi 31 est un exemple de ces cessions nécessaires. Gaïus s'explique en rapprochant la loi 1 du titre *quæ in fraudem* (ɒ 42, 8). L'espèce est celle-ci : Primus, pressé par un besoin d'argent, vend à Secundus une hérédité (et le constitue *procurator in rem suam*), pour payer ses créanciers; Gaïus répond, s'il y a eu fraude (*consilium et eventus*), les créanciers de Primus que l'on voulait dépouiller pourront agir contre Secundus, *procurator in rem suam*, en vertu de l'édit du préteur (loi 1, *quæ in fraudem*). S'il n'y a pas eu fraude, l'acheteur n'aura pas à s'inquiéter de son vendeur.

La loi 70 *de procuratoribus* pose une hypothèse très claire, qui nous montre l'un des cas où l'on pourrait appliquer le principe.

Mais était-il permis au cessionnaire d'opposer la compensation avec la dette cédée, s'il était poursuivi par le débiteur qui se trouvait être aussi son créancier? *Æquitate compensationis utitur*[1], nous dit Papinien. L'on comprend, en effet, que strictement le *procurator in rem suam* n'est pas créancier, *et creditor compensare non cogitur, quod alii quam suo debitori debet*[2]. Ce n'est donc que par équité qu'on lui accorde ce droit; en effet, si le cessionnaire attaque le cédé, celui-ci peut lui opposer la compensation entre lui et le créancier cédant; pourquoi refuser la réciproque au cessionnaire attaqué par le débiteur cédé? Les

1. D. XVI, ɪɪ, 18. P. Papinien.
2. *Id.*, § 1.

mots *post litis contestationem* pourraient cependant jeter quelque obscurité ; l'on pourrait interpréter la loi en ce sens que, après la *litis contestatio* opérant novation, le cessionnaire, étant devenu créancier peut opposer la créance née de la *litis contestatio* au débiteur qui l'attaque, et que si cette *litis contestatio* n'a pas produit novation, le débiteur cédé pourrait agir en toute sûreté. Mais alors ce ne serait pas *æquitate* que le cessionnaire pourrait opposer la compensation au débiteur cédé, mais bien *jure*, comme tout créancier. Aussi pensons-nous que la vraie paraphrase du texte de Papinien serait celle-ci : une créance ayant été vendue et l'acheteur ayant été constitué *procurator in rem suam*, il pourra, quoiqu'on ne puisse ordinairement opposer la compensation avec la dette d'un étranger, opposer par raison d'équité la dette du débiteur cédé envers le cédant, dès qu'il aura opéré la *litis contestatio* comme *procurator*, que celle-ci ait ou non fait novation. Dès ce jour, en effet, il est *dominus litis*, il a un droit à faire prononcer la condamnation en sa faveur.

§ 3. — Réformes d'Anastase et Justinien.

Tel était l'état du droit avant Anastase, tels étaient les rapports entre le cessionnaire et le cédé. Mais là, comme partout, s'étaient introduits des abus. Des courtiers d'affaires s'étaient établis, qui achetaient à vil prix des créances douteuses, mal fondées, et poursuivaient ensuite les débiteurs avec habileté et persistance, pour en obtenir le remboursement intégral des créances. C'est à cet agiotage qu'Anastase voulut remédier, et, dans ce but, il donna la constitution célèbre sous le nom de *per diversas*[1], qui

1. C. IV, xxxv, 22, Anastase.

défendait au cessionnaire de créance de demander au-delà de ce qu'il avait déboursé pour se faire faire la cession d'action, plus les intérêts de cette somme. Mais cette loi introduisait aussi des exceptions. Elle ne s'appliquait pas aux cessions dont la cause était gratuite, ni même aux cessions à titre onéreux, lorsqu'elles avaient eu lieu entre cohéritiers, colégataires, cofidécommissaires ; lorsqu'elles étaient faites à un créancier en payement de ce qui lui est dû (*datio in solutum*) ; lorsqu'elle était faite à un tiers possesseur d'un objet engagé à la créance qu'on lui cède et qu'il veut conserver. Toute idée de spéculation est en effet étrangère à ces différentes espèces.

Mais cette loi, dont le but était louable, était trop sévère, elle tendait à détruire toutes les transactions commerciales : elle fut éludée : l'on vendait en partie la créance pour un prix inférieur au taux de la créance entière, et, profitant de ce que la donation n'était pas défendue, l'on donnait le surplus de la créance au même acheteur qui, de cette manière pouvait agir pour le tout, comme *procurator in rem suam* (ou plutôt par l'*actio utilis*). Justinien voulut remplir cette lacune : il décréta[1] que le cessionnaire ne pourrait jamais demander que le prix de ce qu'il avait payé, sans pouvoir jamais profiter de la donation ; prévoyant même le cas d'une donation simulée, il décida que, même dans ce cas, le cessionnaire ne pourrait jamais demander que ce qu'il a payé réellement pour prix de cette donation simulée. Cette seconde loi est connue sous le nom de loi *ab Anastasio*.

Sous Justinien donc, la vente de créance se trouva, pour ainsi dire, rendue impossible, par le manque d'intérêt pour le cessionnaire à acheter une créance : il restait cependant

---

1. C. *id.*, loi 23. Justinien.

quelques cas exceptionnels que nous avons signalés, et auxquels la loi *ab Anastasio* et *per diversas* n'étaient pas applicables; une nouvelle constitution de Justinien réunit sous la même règle toutes les cessions ayant pour cause un contrat à titre onéreux : le cessionnaire à titre gratuit seul put poursuivre pour le tout la créance cédée.

Quelques questions se sont soulevées à propos de ces faits : frappés de l'impossibilité de la vente des créances après ces deux constitutions, quelques auteurs ont voulu en diminuer la portée et ne les appliquer qu'au cas de cession de créances douteuses, incertaines. Les constitutions d'Anastase et de Justinien sont conçues en termes généraux qui, il faut l'avouer, ne se prêtent guère à une telle restriction; le remède est violent, mais il faut l'admettre tel qu'il est : la décadence romaine nous fournit bien des exemples d'abus plus grands encore et de remèdes encore plus anti-sociaux.

L'on a soutenu aussi que, si le cessionnaire ne pouvait se faire payer que jusqu'à concurrence de ce qu'il avait déboursé (et intérêts), le cédant pouvait agir pour le surplus de la créance, avant Justinien. Pour soutenir cette opinion, l'on dit que la loi *ab Anastasio* est la seule qui déclare que ni le cédant ni le cessionnaire ne profiteront du surplus de la créance, et que ces lois sont dans l'intérêt du cédant. Nous reconnaîtrons que la loi *per diversas* ne parle pas du reste de la créance et n'en fait pas un profit pour le débiteur, et que la loi *ab Anastasio* en parle la première; mais nous remarquerons : 1° qu'elle n'en parle que tout à fait incidemment, ce que n'eût pas fait Justinien, s'il eût voulu innover; 2° que le but de cette loi est seulement de faire exécuter la loi *per diversas*; 3° que cette loi, *per diversas*, n'est nullement en faveur du créancier : les exceptions qui sont faites à la règle générale nous montrant assez que son but est seulement de soustraire le débiteur à l'agiotage; 4° si la loi *per diversas* eût permis au cédant de poursuivre le débiteur pour le surplus du prix de vente, le but aurait été complétement manqué; le cédant, en effet, eût exercé les poursuites, et le cessionnaire par *l'actio ex empto* l'aurait forcé à rembourser tout ce qu'il aurait reçu du débiteur : nous avons vu plus haut qu'il en a le droit. Les acheteurs de créances n'auraient pas manqué de se servir d'un moyen aussi simple pour éluder la loi; et rien n'indique, dans la loi *ab Anastasio* que, Justinien ait été averti d'une pareille fraude.

Quant à la preuve du *quantum* du prix, quelques auteurs la font incomber à ce débiteur; d'autres au cessionnaire. Je crois qu'il faut distinguer : si le cessionnaire prétend avoir payé 100 une créance de 150, par exemple, je pense bien que ce sera à lui à prouver qu'il a payé 100, en vertu du principe que le demandeur doit prouver le fondement de sa demande; mais, si le débiteur prétend que 100 n'est qu'un prix fictif contenu dans l'*instrumentum*, ou que les 100, que des témoins déclarent avoir été payés devant eux, ont été ensuite remboursés en partie : s'il prétend que la donation qu'allègue le cessionnaire pour pouvoir agir pour le tout, est illusoire, et que le prétendu donateur a reçu de l'argent; s'il oppose l'exception, le *beneficium* de la loi, il devient lui-même demandeur et doit prouver sa prétention.

QUATRIÈME SECTION.

QUELLES CRÉANCES PEUVENT ÊTRE VENDUES.

Il n'y a guère que les choses impossibles hors du commerce qui ne peuvent être vendues. Je crois donc que toute créance, qu'elle soit civile, prétorienne ou naturelle, qu'elle ait pris naissance dans un contrat, quasi-contrat, délit ou quasi-délit, peut être vendue.

Cependant, ce n'est là qu'une règle générale ; voyons qu'elles peuvent être les exceptions.

Pour examiner la question il faut distinguer la vente de la créance de la cession de l'action, et examiner successivement ces deux questions : quelles créances peuvent être vendues? quelles actions peuvent être cédées? De ce que l'action ne peut être cédée il ne faut pas conclure que la vente de la créance sera nulle, comme vente d'une exécution impossible; la novation, en effet, n'est jamais impossible, *à priori* du moins, car, sans cela, il faudrait dire que la vente de créance ne put jamais avoir lieu avant le triomphe du système formulaire. Du moment donc où, à l'instant de la vente, aucune impossibilité n'existe, la vente est valable; si plus tard le vendeur ne peut exécuter, le juge à l'*actio empti* appréciera le *quid interest*. Remarquons cependant, dès à présent, que les créances qui ne peuvent être vendues sont aussi celles qui ne peuvent être cédées.

La vente sera nulle faute d'objet, lorsque la créance vendue a existé, mais est éteinte lors de la vente : Ainsi je vous vends ma créance contre *Secundus*, et j'ai reçu le payement la veille; il y avait bien créance, mais elle est éteinte, la vente n'a pas d'objet. Si le prix a été payé ce ne sera pas par l'*actio ex empto* que l'acheteur devra le réclamer, il n'y a pas eu vente; l'*actio ex empto* n'existe pas : mais ce sera bien plutôt par l'*emptio sine causa*, sans préjudice de l'action *de dolo*, s'il y a lieu. La vente sera encore nulle, faute d'objet, lorsqu'il n'y a jamais eu créance : ainsi, vente d'une action populaire; le droit d'exercer une action populaire ne constitue pas une créance; Ulpien le dit formellement dans la loi 12 *de verborum significatione*[1] : cette action appartient, en effet, à tous. La vente de certaines créances est nulle quoique leur existence ne puisse être contestée. Ainsi, lorsque ces créances sont un droit personnel que l'on ne peut communiquer à personne, *quod non est in patrimonio;* c'est là une faveur accordée à quelqu'un, mais à condition qu'il l'exercera lui-même. La loi se prononce formellement pour l'*actio injuriarum*[2]; donnée pour réparer une offense morale faite à la personne, elle ne doit pas être un moyen de spéculation. A l'action d'injure, Cujas assimille, malgré l'absence de textes et par analogie complète de position, les *querelæ inofficiosi testamenti,* et les actions révocatoires de donations pour cause d'ingratitude[3] : il faut avouer que l'on comprendrait difficilement la vente de ces droits, qui ne sont pas même transmissibles à des héritiers.

Les *operæ officiales,* dues par un affranchi au patron, étaient basées sur une relation de personne à personne, et ne pouvaient être vendues[4]; *sola propter reverentia debentur.*

---

1. D. L, xvi, 12. P. Ulpien.
2. D. XLVII, x, 28. Ulpien, et XXXVII, vi, 2, § 4. Paul.
3. « Cujas *Observationes.* » xvii, 17, et iv, 19.
4. D. XXXVIII, i, 9, § 1. Ulpien.

Les créances d'aliments contractées par testament et de servitudes personnelles varient selon la personne qui les exerce : changer le créancier, ce serait changer la créance elle-même, elles ne pouvaient être vendues, à moins qu'elles n'aient à l'avance été réglées par une transaction[1].

Le créancier peut vendre un immeuble hypothéqué, un gage, mais il ne peut vendre le droit d'hypothèque, le droit de gage, de telle sorte que l'acheteur puisse s'en servir comme garantie d'une créance à lui propre : en effet, ce serait encore changer ici des rapports établis pour en créer de nouveaux qui, pour naître, ont besoin d'autres consentements.

La vente de la créance d'autrui n'est pas défendue en Droit Romain; la vente de la chose d'autrui est permise, pourquoi celle de la créance d'autrui serait-elle défendue? En effet, le vendeur de la créance d'autrui ne s'engage qu'à obtenir du créancier les moyens de faire avoir à l'acheteur les bénéfices de la créance; soit en faisant faire directement une novation en faveur de l'acheteur, ou en le faisant nommer *procurator in rem suam*; soit en se faisant nover la créance à lui-même vendeur et donnant mandat d'action à l'acheteur; soit enfin en se faisant instituer lui-même *procurator in rem suam* et en constituant l'acheteur comme son *procurator* après la *litis contestatio* : nous verrons, en effet, que cela était possible, en traitant de la cession des actions de créances litigieuses[2].

Nous avons vu combien les rigueurs des lois *per diversas*

<hr>

1. D. XII, vi, 23, § 2, Ulpien, et II, xv, 8. P. Ulpien.

2. Perezius pense même, C. *de procuratoribus*, n° 5, que le *procurator in rem suam* pouvait, avant la *litis constestatio*, constituer un *procurator*, mais les lois 11 et 23 au Code *hoc tit.* sur lesquelles il se fonde ne permettent pas cette déduction.

et ab Anastasio durent arrêter les transactions commerciales, combien les ventes des créances durent tomber en désuétude.

Les cas où nous avons reconnu l'impossibilité de la vente sont aussi ceux où toute cession d'action est impossible. Les considérations qui déterminent ce résultat sont les mêmes que nous avons exposées : seulement remarquons 1° une créance pouvait exister avant la vente, et être éteinte au moment du mandat d'action ; ce mandat ne produira alors aucun effet, sauf le recours contre le vendeur, s'il y a lieu ; 2° pour l'action populaire une autre raison en empêchait la cession ; c'est que l'on ne pouvait, dans ces actions, se faire représenter par un *procurator*[1] ; 3° enfin, si l'on pouvait vendre la créance d'autrui, l'on ne pouvait céder les actions d'autrui ; l'on ne peut donner mandat de faire une chose que l'on ne pourrait faire soi-même : *Nemo dat quod non habet.*

Reste à examiner la question des cessions de créances litigieuses.

La *litis contestatio*, la demande adressée au prince, et plus tard l'envoi du *libellum*, donnait à l'objet en question le caractère litigieux[2]. Si le demandeur aliénait son droit, la demande du nouvel ayant droit était repoussée par l'exception litigieuse ; si le défendeur se mettait dans l'impossibilité de restituer l'objet du procès, le juge le condamnait à raison de son dol *à quanti juraverit actor*[3]. Le préteur pourvut ainsi aux aliénations faites dans la vue d'un procès à venir, soit en refusant l'action à l'ac-

---

1. D. XLVIII, XXIII, 5, Paul, et D. III, III, 42, P. Paul.
2. Novelle 112, *auth. de litig.* § 1, col. 8, ch. 13.
3. M. Pellat, *Traité de la propriété.*

quéreur du droit, soit en accordant une action *in factum* au demandeur contre le possesseur qui s'était départi de la possession, pour éviter le procès.

Mais, nous le voyons, toutes ces dispositions supposent des aliénations des transports, des successions, des revendications, toutes choses étrangères à l'action personnelle, au mandat de l'action par un créancier contre son débiteur.

Nous pensons bien que l'on ne pouvait constituer un *cognitor post litis contestationem*, puisqu'il devait être donné *apud acta*, et que les paroles sacramentelles en usage supposaient un procès à venir : mais, un *procurator* ou défenseur, simple mandataire, pourquoi n'aurait-on pas pu le constituer après *litis constestatio*? Il y a même des textes qui supposent la chose possible, car, nous voyons, au titre *de procuratoribus* au code, les lois 9, 11 et 23, qui disent que le *procurator post litis contestationem* pouvait constituer un *procurator, quia fit dominus litis*[1]. Si le *procurator ad litem* peut, *post litem contestatam* constituer un procureur, pourquoi le créancier ne le pourrait-il pas? Ce n'est qu'assez tard que nous trouvons, au titre *de litigiosis*, au Code, une constitution de Constantin, confirmée par une autre de Justinien, qui assimile la créance à la propriété, et défend l'aliénation, la vente, donation de toute action ou toute autre chose, *post litem contestatam*[2].

Justinien excepte cependant la cession pour dot ou donation anté-nuptiale, pour legs ou *fideicomis*, pour transaction; enfin, pour partage entre cohéritiers.

---

1. C. *de procuratoribus*, II, 13, et D. III, III, 27, *in fine*.
2. C. *De litigiosis*, VIII, 37, lois 2 et 4, et D. *De ligitiosis*, XLIV, L. 1, 2, et 3.

Constantin déclare nuls les actes tendant à investir un tiers d'un droit litigieux, et ordonne que l'instance soit continuée, *Tanquam si nihil factum sit, lite nihilominus per agenda.* Justinien distingue : si la personne à laquelle est transférée la chose litigieuse connaissait ce caractère, non seulement elle rendra la chose, non seulement les actes tendant à l'investir seront nuls, mais encore elle perdra le prix, et l'autre partie n'en profitera pas moins, elle le rendra au fisc avec une somme pareille ; si cette même personne ignorait le caractère litigieux, elle restituera simplement les choses et recouvrera son prix : mais l'autre partie payera toujours au au fisc une somme égale au prix. Si c'était une donation qui avait eu lieu, l'estimation de la chose sera due à la place du prix.

CINQUIÈME SECTION.

CAPACITÉ.

Les règles de capacité, en matière de vente de créance, sont les mêmes qu'en matière de rente ordinaire. Toute personne est capable de faire un contrat de vente.

Mais, l'exécution de la vente, par cession d'action, avait des règles particulières, touchant la capacité des parties pour faire la cession et être cessionnaires. La règle, en cette matière, est comme en toute autre, que toute personne que la loi ne déclare pas incapable est capable.

Les incapacités que nous trouvons en cette matière sont

fondés, soit sur la nature particulière de l'acte de mandat d'action, soit sur des motifs d'intérêt public.

L'esclave qui a la libre administration de son pécule, qui peut même aliéner les objets qui y sont compris, peut vendre une créance, mais il ne peut ensuite céder son action; car, il ne peut pas lui-même exercer aucune action; Mais, par *actio empti*, l'on peut actionner le maître qui sera tenu de faire la cession[1].

La personne notée d'infamie ne pouvait se faire représenter en justice; elle ne pouvait donc faire une cession d'action[2].

Le cessionnaire de créance ne pouvait faire un *procurator* qu'après la *litis* contestation; il ne pouvait donc lui-même faire cession d'action qu'après cette *litis* contestation[3].

Ne pouvaient être cessionnaires: les infâmes[4], les femmes et les militaires[5], le muet, le sourd[6], l'aveugle *et hic qui corpore suo muliebria passi sunt*[7]; ces différentes personnes ne pouvaient, en effet, recevoir mandat de postuler pour autrui: il fut admis que les femmes et les militaires pourraient être constitués *procurator in rem suam*[8].

Telles étaient les incapacités résultant de la forme particulière du mandat. Faut-il croire qu'après la création des actions utiles, les incapacités pour être cessionnaire

1. D. III, iii, 33. P. Ulpien.
2. *Inst.* Just., l. IV, t. XIII, § 11.
3. C. II, xiii, 11.
4. Scut Pauli, l. I, t. II § 1.
5. Scut Pauli, I, ii, § 3. = C. iii, 13, loi 7 et 13. — D. III, i, 1, § 5 et suivants.
6. D. III, iii, 43. P. Paulus.
7. D. III, i, 1, § 5 et 6.
8. Pauli Scut. I. ii, § 2. — D. III, iii, 8, § 2. — C. III, xiii, 9.

dispararuent; la faculté que donnent ces actions de se passer du mandat réel pourraient le faire penser : Mais, nous pensons qu'il faut se ranger à un avis contraire. L'action utile est, en effet, toujours basée sur cette supposition : que le mandataire, acheteur de créance, agit comme si le mandat eût été donné; cette supposition pécherait ici par sa base, puisque le mandat n'aurait pas pu être donné.

Des restrictions furent apportées à la cession de créances dans un but d'intérêt public : la protection des débiteurs.

La loi II au code *ne liceat potent*[1] introduit-elle une véritable restriction au droit de recevoir une cession d'action ? Nous ne le pensons pas.

Dioclétien et Maximien avaient déjà, par une constitution, défendu de nommer *procuratores ad litem des potentiores*[2], craignant leur influence dans le procès; et le commencement de leur constitution nous fait voir qu'ils ne font que renouveler une défense faite par Claude[3]. Nous croyons que la loi d'Honorius et Arcadius ne fait que remédier à une fraude dont se servaient les créanciers pour ne pas tomber sous le coup de la loi de Dioclétien. La fraude était celle ci : d'accord avec un *potentior* ils le constituaient fictivement, *procurator in rem suam* et non simple *procurator ad litem*. Nous nous écartons ici de l'opinion de Cujas[4], mais, les termes de la loi semblent trop formels pour décider autrement. Les premiers mots : *Cujuscumque modi delatæ actiones*, ne font-ils pas allusion à cette fraude, ne peut-on pas, ne doit-on pas voir là une allusion à cette

1. C. II, xiv, 2.
2. C. II, xiv, 1.
3. « Divine ad modum constituit divus Claudius consultissimus princeps. » Probablement Claude II.
4. « Cujas, *Observationes*, » viii, 31.

fraude : de quelque manière que les actions aient été transportées à un *potentior*, qu'il ait été constitué simple *procurator* ou *procurator in rem suam* ; et les mots suivants
comment les expliquer : *aperta enim credentium videtur esse
voracitas, qui alios actionum suarum redimunt exactores:*
ou serait la *voracitas credentium*, si l'on supposait là une
cession véritable ; est-il plus âpre au gain, celui qui cède
son action à un *potentior*, que celui qui la cède à une personne ordinaire ; quant à l'argument tiré, dans l'opinion
contraire, de la généralité de la rubrique de ce titre, je ne
le comprends pas ; car *transire in se actiones*, peut se dire
aussi bien d'un simple *procurator ad litem*, que d'un *procurator in rem suam* : et, quand cela ne serait pas, n'y a-t-il
pas bien d'autres rubriques qui ne correspondent pas à
tout ce qu'elles renferment. Ce que défend la loi ii, au titre
ne liceat potentioribus, c'est de constituer quelqu'un *procurator in rem suam* en apparence seulement ; c'est la fraude :
mais, quand la constitution était sincère, nous croyons que
cette loi n'était pas applicable, surtout en considérant
la peine attachée comme sanction à la défense. La sanction de cette décision est en effet la perte du droit pour
le créancier, et aussi une peine arbitraire prononcée par le
magistrat contre le cessionnaire *potentior* et le cédant [1] :
la brièveté même avec laquelle s'exprime la loi d'Arcadius
serait une preuve de plus qu'il s'occupe d'un cas prévu et
réglé. Lorsque, dans la loi iii de *litigiosis* (viii, xxxvii),
les empereurs Gratien, Valentinien et Théodose, défendent
de léguer au fisc et aux *potentiores* un chirographe *ambiguum*, ils ne prononcent pas la déchéance du créancier, mais
ordonnent seulement qu'il paye le montant de la créance

1. Perézius (ad titulum, ne liceat Potentioribus), Cod. just.

au légataire, sauf à l'héritier à poursuivre lui-même le débiteur.

À qui cette perte de droit de créance profite-t-elle? L'on a soutenu que c'était au fisc, je ne vois pas sur quoi l'on peut se fonder; la loi qui prononce la nullité est faite dans le but de protéger le débiteur contre le *potentior*: mais le fisc n'était-il pas le plus terrible créancier que l'on puisse avoir; si tel eût été le résultat de cette loi, il faut avouer que le débiteur eût perdu plutôt que gagné: le fisc n'était-il pas lui-même au nombre des *potentiores*? Valentinien ne met-il pas le fisc sur le même rang que les *potentiores*, quand il défend de léguer ou donner en *fideicomis* une chose litigieuse ou une créance douteuse au fisc ou à un *potentior*[1]?

Une véritable restriction se trouve dans la loi VII, de *obl. et act*[2]; l'on ne peut, nous dit Pomponius, céder au fils des actions que l'on a contre son père, s'il est encore sous la puissance de son père. Il est vrai que Gaïus, nous dit: tant que le fils est sous la puissance du *pater*, il ne peut agir contre lui que *ex castrensi* ou *quasi castrensi peculio*[3]; mais la cession d'action faite au fils sous la puissance de son père, sera-t-elle complétement nulle? Peut-être Pomponius doit-il être interprété en ce sens, que la cession sera sans effet, tant qu'il sera sous la puissance paternelle, mais que plus tard, lorsqu'il ne sera plus sous cette puissance, il pourra se prévaloir de la cession qui lui a été faite.

Justinien, dans une de ses Novelles, apporte une autre restriction; il défend aux tuteurs et curateurs de recevoir

---

1. *De litigiosis*, C. VIII, xxxvii, 3.
2. D. XLIV, vii, 7. Pomponius.
3. D. V, i, 4. Gaïus.

une cession de créance contre leur pupille, il défend même cette cession après la tutelle ou curatelle [1]. La sanction de cette défense est la nullité de la cession, le mineur est libéré tant à l'égard du cédant qu'à l'égard du cessionnaire, *volumus lucrum fieri adolescentis.*

Ainsi non-seulement le curateur, ou tuteur, ne pourra rien demander au delà du prix de cession conformément aux lois *per diversas et ab Anastasio*, mais il ne pourra rien demander ; la créance par la cession a été anéantie, le cédant lui-même est désarmé.

Telles sont les principales règles sur la capacité en matière de vente de créances.

SIXIÈME SECTION.

MORALITÉS DANS LA VENTE.

La vente ordinaire peut être faite purement et simplement (*pure*), à terme (*die*), ou sous condition (*sub conditione*). Dans les deux premiers cas, la vente est parfaite, le *vinculum juris* est irrévocablement formé du jour où est survenu l'accord de volonté [2] ; seulement, si la vente est à terme, l'exécution est retardée jusqu'à ce terme. Dans le dernier cas (vente sous condition), tout est sus-

1. Novelle 72, caput 5. Justinien.
2. D. XVIII, vi, 8. P. Paulus.

pendu : si la condition n'arrive pas, il n'y a jamais eu vente, les parties n'ayant entendu se lier que si tel navire arrivait d'Asie, par exemple [1] ; si donc quelque chose a été payé par l'acheteur il pourra le réclamer par la *conditcio indebiti* : si le vendeur a livré, il pourra revendiquer la chose livrée [2] ; si la condition s'accomplit, la vente est parfaite, le lien formé du jour de l'arrivée de la condition : *conditionales autem venditiones tunc perficiuntur cum impleta fuerit conditio* [3].

L'on peut aussi vendre une créance *pure, die aut sub conditione* [4] ; l'on peut aussi vendre sous ces différents modes une créance contractée elle-même *pure, die, aut sub conditione* [5].

Si la créance a été vendue *pure*, la vente est parfaite et l'on peut en demander dès aujourd'hui l'exécution par l'action *ex empto* [6].

Si la créance est vendue *die*, la vente est parfaite, dès le jour de l'accord de volonté ; seulement l'exécution est retardée, l'on ne pourra agir *ex empto* que *post diem*.

Si la créance est vendue conditionnellement, distinguons : la condition vient-elle à manquer, tout est mis à néant [7] ; la condition, au contraire, se réalise-t-elle, la vente est parfaite, dès ce jour, et les parties peuvent en demander immédiatement l'exécution.

La modalité influe donc beaucoup sur le moment de la perfection de la vente ordinaire, et il y a grand intérêt à

1. D. XXIII, iii, 10, *si ante*, § 4. Ulpien.
2. D. XVIII, vi, 8. Paulus.
3. D. XVIII, i, 7. Ulpien.
4. XVIII, iv, 10. Julien.
5. D. XVIII, iv, 17. Ulpien.
6. XVIII, iv, 19. Julien.
7. *Idem.*

savoir quand la vente sera parfaite; car, dès ce moment la chose est au risque de l'acheteur, *post perfectam venditionem omne commodum et incommodum quod rei venditæ contigit ad emptorem pertinet* [1], excepté, bien entendu, s'il y a faute, dol ou convention contraire; si la chose, objet de la vente, périt, le vendeur est libéré comme tout débiteur par la perte de la chose due [2], pourvu, toutefois, que ce soit un corps certain et non une quantité : un cheval arabe, cent mesures de froment, par exemple. Quant à l'acheteur, il doit toujours son prix et le vendeur ne court aucun risque : l'argent, en effet, est une quantité qui ne peut périr [3]. Africain émet cependant un avis opposé et prétend que, la perte de l'objet vendu arrivant, l'acheteur ne doit pas payer, et, s'il a payé, il peut répéter [4]: soit qu'Africain se place dans le cas particulier où le vendeur se serait chargé des risques, soit qu'il faille voir là une divergence d'opinions, il est certain que l'opinion générale des jurisconsultes romains n'était pas très-contraire à l'équité, quoique Cujas ait décoré celle d'Africain du titre de *benignior*.

Aucun texte, à notre connaissance, ne s'oppose à l'application de ces principes en matière de vente de créances; nous pensons qu'ils doivent être appliqués. Si, donc, le créancier (*perfectæ emptione*) devient plus solvable, si le créancier vendeur acquiert une hypothèque, gage *intercessor* du débiteur, comme garantie de cette créance vendue, l'acheteur en profite, si la créance s'éteint, si le débiteur devient insolvable, c'est l'acheteur

---

1. C. IV, xlviii, 1. Alexandre.
2. D. XLV, i, 23. Pomponius.
3. D. XVIII, v, 5, § 2. Julianus. — XXI, ii, 11. P. Paulus. — C. IV, xlviii, 6. Dioclétien et Maximien.
4. D. XIX, ii, 33. Africanus.

qui perd, pourvu qu'il n'y ait ni faute ni dol de la part du vendeur, ni convention contraire. Ainsi, il y aurait dol et l'on devrait donner l'action *ex empto*, conformément à la loi XII *de hered. vel. act.*, si, ayant vendu une créance conditionnelle, comme à terme, la condition venait à manquer.

En matière de vente ordinaire, mais conditionnelle, quoique la vente ne soit parfaite que lors de l'arrivée de la condition, l'effet de la condition rétroagit en certains cas [1]. Ainsi, l'un des contractants meurt avant l'arrivée de la condition, la vente aura cependant son effet entre l'autre partie et les héritiers de celle qui est décédée, *quasi jam contracta emptione in præteritum* [2]; si, avant l'arrivée de la condition, la chose éprouve une augmentation ou une détérioration, elle profitera ou nuira à l'acheteur : La perte de la chose, au contraire, serait soufferte par le vendeur, car, lorsque la condition arrivera, la vente n'aura plus d'objet. *Si, pendente conditione, res exstincta fuerit perimuntur stipulationes; sane, si extet res, licet deterior effecta, potest dici, esse damnum emptori* [3].

Toutes ces dispositions de la loi VIII *de peric. et com.* ont aussi une application directe en matière de vente de créances. Supposons, en effet, que j'aie acheté, sous condition, une créance dont l'existence est soumise à ce que tel navire n'arrivera pas d'Asie avant vingt jours; si le navire arrive avant les vingt jours, la créance n'a jamais existé, la condition sous laquelle j'ai acheté se réalisant après qu'il est devenu certain que la condition sous laquelle la créance achetée avait été consentie n'arrivera pas, la

1. D. XVIII, VI, 8. Paul.
2. *Idem.*
3. *Idem.*

vente, quand elle est *perfecta*, n'a plus de raison d'être, puisqu'elle ne peut avoir d'objet. Si, au contraire, lors de l'arrivée de la condition sous laquelle est faite la vente, la créance existe, mais *deterior*, si la solvabilité du débiteur a diminué; si un *sponsor* est mort, si une maison hypothéquée a brûlé, la vente sera maintenue, et l'acheteur souffrira des détériorations survenues *pendente conditione*. La rétroactivité se montre avec plus d'évidence encore dans la possibilité de la transmission du droit de créance avant qu'il n'existe.

DROIT FRANÇAIS.

PREMIÈRE PARTIE.

RÈGLES GÉNÉRALES EN MATIÈRE DE VENTE DE CRÉANCES.

PREMIÈRE SECTION.

CARACTÈRE DE LA VENTE DE CRÉANCE.

En commençant l'étude de la vente de créance, en Droit Romain, nous avons distingué le transport du droit du transport de l'émolument de ce droit, et nous croyons avoir démontré l'impossibilité du transport du droit lui-même. Nous avons vu comment la vente, ne créant que des obligations de *tradere* et non de *dare*, était applicable à la créance : la novation, puis le mandat d'actions fournissent des moyens d'exécution, d'abord impuissants, mais qui se développent, s'améliorent. Nous avons vu, enfin, l'action utile venir apporter la dernière main à toutes ces réformes, et transporter sans intermédiaire, facilement et rapidement, à l'acheteur, l'émolument de la créance. Mais remarquons-le, alors même que l'utilité sociale l'emportait, *en fait*, sur la rigueur du principe d'intransmissibilité de la créance, ce principe même survivait au fond et l'action utile donnée directement, par cela seul qu'il y avait eu vente, ne faisait de l'acheteur qu'une image de l'ancien *procurator in rem suam*, et, si elle lui transmettait plus rapidement le droit de poursuite, elle n'en changeait pas le caractère. Nous avons vu les lois *per diversas et ab Anastasio* défendre la vente de créances, chose éminemment utile pour empêcher des spéculations nuisibles au débiteur.

Tel est, après Justinien, l'état du droit en matière de vente de créances.

Dans les relations germaniques, la créance devait avoir une bien faible importance. Le caractère territorial de la conquête, l'institution de la féodalité, et, plus tard, la défense de prêter à intérêt, ne devaient pas tarder à faciliter la création des fortunes mobilières ; il ne faut donc pas nous étonner de ne pas trouver, dans notre très-ancien droit, les règles de la créance, ni, *a fortiori*, les règles sur sa transmission ; mais tout porte à penser que le système de la transmission des créances, si système il y avait, devait s'éloigner beaucoup du système romain.

Cette distinction entre la transmission du droit et de l'émolument convient à la législation romaine, savante dès son principe ; mais nous comprendrons qu'elle ne pouvait trouver place dans nos coutumes, si nous considérons leur genre de formation : elles ne sont, en effet, qu'un résumé de la pratique de plusieurs siècles, pratique qui avait elle-même pour base, soit les lois barbares, soit les traditions du droit romain, fort altéré : nous ne pouvons douter de cette altération sur le point qui nous occupe ; pour nous en convaincre, nous n'avons qu'à nous reporter à ce que disaient les premiers interprètes du Droit Romain, à cet égard : *est similitudo inter emptionem rei corporalis et nominis dationem* [1] ; *cessio est quasi traditio et juris et*

1. « Grande glosse ad leg. ult. C. Quando fisc. »

actionis ex aliquo titulo in alium facta est translatio[1]. Ces interprétations doivent être attribuées au caractère que l'on donnait à l'action utile ; mais, si telle était l'opinion de personnes étudiant avec soin la législation, il faut reconnaître que la confusion devait être bien permise aux praticiens, recherchant toujours la simplicité et l'utilité dans les règles qu'ils suivaient, et s'inquiétant peu de la philosophie du droit.

Examinons maintenant les opinions de quelques-uns des écrivains célèbres du xviiie siècle, alors que l'étude du Droit Romain s'est développée, alors que son influence a grandi dans les tribunaux, alors que la pratique a arrêté, en cette matière, quelques règles résumées lors de la rédaction de nos coutumes.

Ferrières, sur la question de savoir si le cessionnaire de créance peut user de son propre privilége, répond que *le cessionnaire entrant au lieu et place du cédant ne peut avoir plus de droit que lui*[2].

Denisart nous dit : *c'est une règle commune à toutes les manières d'aliéner que la propriété ne passe à l'acquéreur que par la tradition...... pour les choses incorporelles, la jouissance du droit suffit pour former la tradition.... si ce droit est une chose due par un tiers, comme ce droit ne peut-être exercé qu'en le faisant connaître à ce tiers, c'est par la connaissance authentique que lui en donne le cessionnaire que celui-ci fait cet exercice, entre en jouissance, et acquiert la propriété.*

Pothier hésite, dans son traité de la vente : au n° 550, il dit que la créance, étant un droit personnel au créancier,

1. Olea de cessione juris., t. I, qu. 1, n° 101.
2. Coutume de Paris, art. 108.
3. Collection de décisions, t. IV, p. 375 et 376. Édition 1786.

ne peut se transmettre ; *mais il n'en est ainsi que si l'on considère la subtilité du droit* : au n° 554, il reproduit l'opinion des anciens glossateurs. *Le transport d'une rente ou autre créance est, avant que la signification en ait été faite au débiteur, ce qu'est la vente d'une chose corporelle, avant la tradition* ; au n° 553, il se contredit encore, *le cédant, nonobstant la signification, demeure toujours créancier, c'est toujours en lui que réside la créance.*

Ces fluctuations caractérisent l'époque où écrivaient Ferrières, Denisart et Pothier, époque de lutte entre la pratique des tribunaux et la doctrine de quelques hommes savants ; comme savants, ils proclament le principe de l'intransmissibilité de créance ; comme échos de la pratique, ils constatent les idées admises dans les tribunaux, l'assimilation de la créance *aux choses corporelles*, au point de vue de la transmissibilité du droit. La signification du transport, en effet, n'est pas exigée dans notre ancienne législation parce qu'il n'y a que mandat et non cession immédiate du droit, mais parce qu'elle rentre, comme nous le verrons, dans le système de mutation de cette époque. Ainsi donc, dans notre ancien droit, constatation par la coutume du principe, tout positif, admis par la jurisprudence antérieure, de la transmissibilité du droit de créance et mélangé par les auteurs de ce principe avec l'idée romaine de mandat.

Quel est maintenant le système de notre Code Civil ?

Les législateurs de 1804 n'étaient pas théoriciens : ce qui les frappait surtout, c'était l'utilité sociale. Ce principe de l'incessibilité de la créance, contre lesquels préteurs, jurisconsultes et empereurs avaient été forcés de créer des remèdes, ne dut pas leur sourire : il dut leur sembler tout naturel, puisqu'ils avaient à faire une loi, qu'il était inutile de proclamer une règle pour la détruire ensuite ; aussi, M. Portalis, dans son discours au Corps Législatif, dit-il, en parlant de la créance : *elle est dans le commerce, comme les autres biens; en conséquence elle est susceptible d'être vendue, cédée, transportée :* le droit de créance, donc, est transmissible comme le droit de propriété. Mais, remarquons-le, de même que, lorsque s'opère une mutation du droit de propriété, ce droit passe au nouveau propriétaire, limité par des droits d'hypothèques, de servitude, d'usufruit, etc., de même, le droit de créance passe au nouveau créancier, tel qu'il était entre les mains de l'ancien créancier, c'est-à-dire avec les cautions, hypothèques et autres accessoires (1692), et les charges qui peuvent avoir été créées sur cette créance, droit de gage et même d'hypothèque [1]; car ici il n'y a pas novation, nouvelle dette remplaçant l'ancienne, puisqu'il résulte au contraire de l'acte de vente, que c'est la même créance que le vendeur entend transporter à l'acheteur (1273) : l'acheteur n'est donc pas représentant, comme à Rome, de l'ancien créancier; il y a eu transport en ses biens du droit de créance tel qu'il existe.

Ces idées ressortent aussi, selon nous, de la comparaison des articles 1101, 1138, 1141, 1583, et de ceux de notre chap. 8 (L. III, tit. 6), *du transport des créances*, et des travaux préparatoires.

DEUXIÈME SECTION.

FORME DE LA VENTE DE CRÉANCES.

Il est bon, pour apprécier les formes actuelles de la

1. Voir 1re partie, section 3, § 4, *in fine*.

vente de créance, de jeter un coup-d'œil rétrospectif sur notre ancienne législation.

Ici la dénonciation n'a pas pour but, comme à Rome, de lier le débiteur au cessionnaire, de l'empêcher de payer valablement entre les mains du cédant : avant comme après la *denuntiatio*, le cessionnaire pouvait agir contre le débiteur, dans le Droit Romain ; dans notre ancienne législation la dénonciation joue, sous le nom de *signification*, le même rôle, dans la vente de créances, que la tradition dans la vente de choses corporelles, selon l'expression même de Pothier. La tradition, dans la vente des choses corporelles, saisissait, investissait l'acheteur du droit de propriété ; jusque-là le vendeur était resté propriétaire[1]. L'art. 108 de la coutume de Paris nous dit : *Transport ne saisit point et il faut signifier le transport à la partie et en bailler copie auparavant que d'exécuter.* Jusqu'à ce que cette signification fût faite, le créancier restait propriétaire de sa créance. Les créanciers pouvaient donc faire saisir cette créance comme les autres biens. Telle est la législation générale de nos pays coutumiers[2], qui fut même adoptée par quelques pays de droit écrit[3] ; quelques coutumes étaient plus indulgentes[4], quelques autres plus sévères[5], entre autres celles de Béarn qui laissait la créance vendue dans le patrimoine du vendeur jusqu'au payement[6] ; mais, malgré ces différences, il reste certain que la

---

1. Pothier. Vente n° 318.
2. Calais, Clermont en Beauvoisis, Saintonge, Auvergne.
3. Ainsi le Parlement de Toulouse.
4. Entre autres Bourbonnais.
5. Melun, Blois, Béarn.
6. Sur toutes ces matières, Merlin, jurisprudence, au mot transport ; et Pothier, volume de la vente, partie de la vente de créances.

vente ne désaisissait pas, le cédant ne saisissait pas le cessionnaire.

Dans notre législation est survenue une grande révolution. La convention de vente, par elle seule, opère dessaisissement du vendeur et saisissement de l'acheteur. Les articles 1138 et 1583 consacrent ce changement; toute tradition est inutile. Il résulte de l'art. 1583, applicable à toute espèce de vente, et d'un argument *à contrario*, tiré de l'art. 1690, que le fait de *des saisine saisine* est opéré entre le vendeur et l'acheteur de créances, par cela seul qu'il y a eu vente; mais selon ce dernier article, l'acheteur (contrairement aux règles générales) n'est pas saisi *à l'égard des tiers*, par cela seul qu'il y a vente; il faut, de plus, que le cessionnaire ait signifié la vente au débiteur ou que ce débiteur ait accepté cette vente dans un acte authentique.

Ce peu d'harmonie est facile à expliquer historiquement, mais difficile à justifier[1]. (711, 1138, 1583 et 1690.)

La signification est aujourd'hui non une nécessité absolue de la transmission du droit, comme sous notre ancienne législation, mais bien une mesure de publicité analogue à la transcription de la loi de brumaire an VII pour toutes les aliénations entre vifs d'immeubles, transcription dont la nécessité est restreinte aujourd'hui aux donations d'immeubles et aux substitutions; elle est une nécessité de la transmission, relativement aux tiers seulement et non relativement au vendeur de créances.

La signification de la cession indique le jour où elle a lieu et, par conséquent, établit, en cas de concours entre

---

1. M. Bugnet sur Pothier, note 2, page 220, n° 557, Vente.

cessionnaires, lequel a la priorité : mais, si les significations sont du même jour, les cessionnaires seront égaux en droit; l'art. 2147 est applicable. Il y a là, en effet, grande analogie de motifs : dans le silence complet que garde la loi à ce sujet, nous devons décider la question d'après les règles de l'équité, et il serait souverainement injuste de faire dépendre des intérêts souvent considérables d'une formalité qui, presque toujours, n'est pas remplie avec exactitude dans la pratique, et qu'aucun texte ne commande (voir art. 61 pr.). Dans notre ancienne jurisprudence, l'on distinguait entre les significations faites avant ou après l'heure de midi; c'était déjà dangereux, mais jamais on n'avait été jusqu'à accorder la priorité à la signification faite une heure avant une autre. Notre Code n'ayant pas reproduit même la décision de notre ancienne jurisprudence, nous devons penser qu'il l'a rejetée plutôt qu'admise.

L'acceptation du débiteur, qui peut être faite, soit dans l'acte de cession, soit dans un acte postérieur, doit toujours l'être dans un acte authentique, lequel présente sur l'acte sous seing privé, ayant date certaine, l'avantage d'éviter plutôt un concours frauduleux, et de laisser toujours dans les archives d'un officier public la preuve de la cession. Cependant nous ne pensons pas que le débiteur puisse invoquer lui-même le vice de son acceptation contre le cessionnaire; ce sont seulement les tiers qui peuvent s'en prévaloir : l'article 1295 est général, les dispositions de l'art. 1690 sont en faveur des tiers, et ce débiteur, acceptant par acte sous seing privé ou authentique, perd cette qualité.

Au reste, sauf la signification ou l'acceptation, aucun acte ne peut saisir le cessionnaire à l'égard des tiers. La connaissance de la cession, acquise par le débiteur cédé de quelque autre manière que ce soit, ne pourrait être invoquée contre lui. Cependant l'art. 1167 est ici applicable, comme dans tous les cas où la loi ne fait pas exception; si, donc le payement a été fait par le débiteur cédé au créancier cédant, avant signification ou acceptation, mais après connaissance par lui acquise de la cession, et que ce payement soit entaché de fraude, qu'il ait été fait dans l'intention de préjudicier et qu'il préjudicie au cessionnaire (*consilium et eventus*), le débiteur cédé ne pourra plus invoquer l'art. 1691; la disposition de l'art. 1071 est à tort invoquée ici, car elle est toute spéciale : on n'y prévoit, au reste, en aucune manière, le cas de fraude.

Cette signification de l'art. 1690 peut être faite, soit par le cédant, soit par le cessionnaire; ce que veut le Code civil, c'est une certaine publicité; il ne s'inquiète nullement par quelle personne elle est produite, pourvu que le but soit atteint (1691).

Nous remarquons, en terminant ce qui concerne les formes de la vente de créance, que le but de publicité que semble ici poursuivre la loi ne sera atteint qu'en partie. En effet, le débiteur peut payer tant qu'on ne lui a pas signifié ou qu'il n'a pas accepté; les personnes qui, postérieurement à la vente de la créance, veulent traiter avec le créancier vendeur, peuvent avant s'informer auprès du débiteur, et celui-ci, déclarant qu'il n'a pas accepté ni reçu de signification, s'engage par cela même à indemniser ces personnes, s'il les a trompées (1382, 1383); mais il n'en sera pas toujours ainsi pour ces créanciers. En effet, supposons que le débiteur du créancier cédant refuse de répondre, quel moyen aura-t-on de l'y forcer? Aucun. Nous avons bien l'art. 573 du Code de procédure qui ordonne au débiteur saisi de déclarer les oppositions qu'il peut avoir reçues; mais je ne vois guère que l'on puisse en tirer argument. Un second cessionnaire serait dans la même position à l'égard du premier, et tous les cessionnaires sont dans la même impossibilité de connaître les saisies-arrêts antérieures à leur achat; tous ces divers intéressés ne sont avertis de leur existence réciproque que lors du procès (573 pr.), alors que s'est établie la concurrence entre eux, alors que toute diligence est inutile. Si les cessionnaires seulement étaient exposés, l'on pourrait attribuer ce peu d'efficacité du système de publicité de notre loi au peu de faveur dont jouit la cession de créance; mais il n'en est rien. Les créanciers du cédant sont aussi exposés, par le vice de ce système, que les cessionnaires, et, d'un autre côté, la cession semble plus favorisée qu'on veut bien le dire : une loi assez récente (1852) a baissé les droits d'enregistrement des cessions de 1 0,0 à 1/2 0,0. Il faut reconnaître là un véritable vice difficile à corriger peut-être, mais qui existe, et auquel la pratique s'efforce de remédier par de louables précautions.

En terminant cet aperçu sur le mode de transférer le droit de créance, il est bon d'ajouter que l'on a enfin fait droit aux plaintes de la doctrine sur le vice du mode de transfert des droits réels, d'où résultait cette absence d'harmonie que nous avons signalée, et une grande instabilité dans les droits de propriété, chose plus dangereuse. Une loi nouvelle, loi qui a paru au dernier Bulletin, rétablit la transcription bannie de nos lois depuis cinquante ans.

TROISIÈME SECTION.

EFFETS DE LA VENTE DE CRÉANCE.

La vente de créance peut produire des effets divers, ici comme en Droit Romain; pour les bien connaître, il faut les étudier séparément, et pour cela distinguer : effets de la vente de créance : 1° entre le vendeur et l'acheteur; 2° entre le vendeur et les tiers; 3° entre l'acheteur et le débiteur; 4° entre l'acheteur et les créanciers du vendeur; 5° entre l'acheteur et les tiers autres que le débiteur et les créanciers du vendeur.

§ 1. — Effets entre le vendeur et l'acheteur.

La convention de vente produit par elle-même transfert, mutation des droits (1101, 1136, 1133, 1583). En matière de vente de créance, mêmes effets sont produits, seulement ici un élément nouveau se rencontre, que faisait pressentir aussi pour la vente ordinaire ces mots de l'article 1583, *entre les parties.* C'est un système de publicité dont nous parlerons plus tard, mais qui n'a aucune influence dans les rapports que nous avons à régler maintenant.

De même que si l'on vend un fonds, on transfère le droit tel qu'il se comporte, de même, si l'on vend une créance, on transfère le droit de créance avec tous ses accessoires, avantages et inconvénients. L'art. 1092 déclare que *la vente ou cession d'une créance comprend les accessoires de la créance, tels que caution, privilèges, hypothèques.* Les termes mêmes de cet article nous montrent qu'il n'est pas limitatif; et tout ce qui sera accessoire de la créance sera

transféré avec elle. Tout droit qui ne pourrait se concevoir,
abstraction faite de la créance en est évidemment un accessoire; ainsi, outre le cautionnement, l'hypothèque et le privilége passeront à l'acheteur les droits d'antichrèse, de gage,
de contrainte par corps, l'exécutoriété du titre, et encore
le droit de recevoir les intérêts, non-seulement à échoir,
mais même échus, pourvu toutefois que réserve n'en ait
pas été faite. Les intérêts sont, en effet, un accessoire de
la créance ; la remise du titre (1689) indique l'intention
de les céder avec la créance, puisque sans ces titres toute
poursuite est rendue impossible au créancier vendeur;
l'on peut tirer aussi argument de l'article 1602, qui inter-
prète contre le vendeur les clauses obscures. L'acheteur
de créance pourra aussi invoquer le droit de préférence ,
accordé par l'article 1252 au créancier qui a reçu partie
de la dette sur la personne qui a payé, et qui a été subro-
gée dans ses droits, si c'est à ce subrogeant que l'acheteur
à succédé.

Mais la difficulté devient plus grande, quand l'on se
demande si l'on doit considérer comme étant transmises en
qualité d'accessoires de la créance, les actions en nullité ou
résolution, qui naissent pour le cédant de l'acte qui a
donné naissance à la créance. Ainsi, je vends 50 000 francs
ma maison à *Primus;* puis, je cède cette créance de
50 000 francs à *Secundus : Secundus* pourra-t-il exercer
l'action en nullité, pour lésion, résultant de l'art. 1674, ou
l'action en résolution, résultant des articles 1654 et 1657,
1183 et 1184, pour non payement du prix de vente.
Certainement la cession d'une créance comprend la
cession de toutes les actions qui lui sont relatives et qui
n'ont pas été exceptées. Mais ici , il n'y a aucun rapport
entre la créance de 50 000 francs cédée et les droits

résultant du contrat de vente. Cette espèce n'a aucun rapport avec l'espèce de l'arrêt de la cour de Bordeaux, du 23 mars 1832, où il s'agissait d'une cession, d'un prix de vente avec subrogation; *dans tous les droits et actions résultant du contrat de vente*, car alors le droit d'exercer les actions en nullité ou rescision naissait, non pas de la cession du prix de vente, mais de la clause toute spéciale de subrogation dans tous les droits et actions résultant du contrat de vente.

Il faut avouer que, pour l'action en résolution, un doute serait plus fondé. L'on pourrait dire : que c'est une arme puissante pour obtenir le payement du prix; mais ce n'est pas un accessoire de la créance. L'exercice de l'action résolutoire, bien loin de tendre au payement du prix de vente, suppose, au contraire, une renonciation à ce prix, puisqu'elle est le résultat d'une option entre ces deux droits : poursuivre le payement du prix auquel se refuse l'acheteur ou se faire restituer l'objet de la vente, la chose vendue (comparer 1610, 1654, 1657.) Le droit d'exercer l'action résolutoire pourra souvent se déduire des termes de la vente de créance, mais elle n'est pas comprise dans une vente pure et simple ; cette distinction semble résulter de la comparaison de deux arrêts de la cour d'Amiens, l'un du 9 novembre 1835, l'autre du 4 décembre 1821.

De ce que (1692) le droit d'hypothèque est transféré comme la créance elle-même, il résulte que l'acheteur de créance acquiert le bénéfice de l'inscription prise par le créancier vendeur : mais il sera prudent l'acheteur qui requerra une nouvelle inscription en son propre nom, afin de prévenir les suites d'une main-levée frauduleuse consentie par le créancier vendeur.

L'acheteur peut-il, en son nom requérir inscription ou renouveler l'inscription faite par le créancier vendeur, s'appuyant sur son acte de vente, si cet acte est sous seing-privé ? Le droit de requérir ou renouveler les inscriptions est attribué à tous les successeurs du créancier, aussi bien qu'au créancier lui-même : le transfert d'un droit implique nécessairement les moyens de conserver le droit. L'art. 2148 n'exige, il est vrai, l'authenticité que pour l'acte *qui donne naissance à l'hypothèque;* or ce n'est pas l'acte de vente : la vente n'a pas fait naître une créance nouvelle, elle a transféré l'ancienne créance; c'est donc l'authenticité de l'acte constatant l'existence de l'ancienne créance, et de l'hypothèque qui a été créée pour la soutenir, que l'on peut exiger; il arrive même souvent que l'inscription peut être requise en vertu d'un acte non authentique. Mais l'art. 2152 exige, pour que le cessionnaire puisse changer le domicile élu par le cédant dans le bordereau d'inscription, que la cession ait eu lieu par acte authentique. Il est difficile de croire que, pour un changement bien plus important, le nom même du créancier, l'on n'ait besoin que d'un acte sous seing-privé, surtout si l'on considère tout ce que ce changement peut avoir de gravité pour le cédant, qui ne sera plus averti des purges qui pourront avoir lieu; ceci ouvrirait une porte à la fraude. Nous pensons donc, non seulement que le conservateur des hypothèques peut, mais qu'il doit se refuser à tout changement dans l'inscription, en vertu d'une cession par acte sous seing-privé et qu'il est responsable, à cet égard, envers tous intéressés des conséquences d'un pareil changement irrégulier.

La vente de créances comme toute vente, crée des obligations: nous ne parlerons pas de celles de l'acheteur, elles sont les mêmes que celles de tout acheteur, mais les obligations du vendeur présentent plusieurs particularités : le vendeur doit délivrance et garantie.

1° *La délivrance*, ne présente pas grande importance, car elle n'est pas utile au transfert du droit entre le vendeur et l'acheteur, et ne peut suppléer la signification entre l'acheteur et le tiers : elle s'opère (1689) par la remise des titres. Elle présente cependant certains avantages pratiques : 1° le créancier n'ayant plus les titres ne pourra poursuivre le débiteur ; 2° celui-ci hésitera à payer un homme qui ne lui remettra pas les écrits constitutifs de la dette ; 3° l'acheteur lui-même a besoin de ces titres pour commencer les poursuites contre le débiteur se refusant à payer ou ne reconnaissant pas la dette. (670 C. P. et 2217, C. civ.) ; 4° elle pourra servir de présomption aux juges, comme nous le verrons plus tard, pour servir de base à leur appréciation de la garantie due par le vendeur[1].

2° *La garantie* due par le vendeur est ici régie par des lois particulières, qui apportent des dérogations aux lois de garantie en matière de vente ordinaire : il faut donc les exposer.

Nous distinguerons encore ici, comme au titre de la vente, la garantie telle qu'elle est établie par la loi (garantie de droit), et la garantie telle qu'elle peut être modifiée par la convention des parties (garantie de fait) ; cette distinction, entre la garantie de droit et de fait[2], se trouve implicitement consacrée, en fait de vente de créance, par les art. 1693, 1694, 1695.

Garantie de droit. — En Droit Romain, nous avons dis-

---

1. Voir notre page 93, *in fine*.

2. Pothier, *de la vente*, indique très-clairement la portée de cette distinction, n° 559.

tingué le cas où il y avait vente et le cas où il n'y avait pas eu vente, faute d'objet, (voir Droit Romain, § de la garantie) : dans le premier cas, nous avons donné à l'acheteur l'action *ex empto*, pour recourir en garantie contre le vendeur ; dans le second cas, nous croyons qu'il ne pouvait y avoir lieu à garantie, mais que l'acheteur pouvait agir par *condictio causa data*, pour réclamer le prix, s'il l'avait payé et en tous cas, par l'*actio de dolo*, pour être indemnisé du tort à lui fait par le vendeur.

Nous n'avons plus, dans notre droit, ces distinctions subtiles entre les diverses actions. Si la vente est complétement nulle faute d'objet, faut-il dire qu'on ne pourra l'invoquer pour agir en garantie, qu'on ne pourra jamais non plus agir en résolution d'une vente qui n'a jamais existé légalement : ce serait bien rigoureux, bien subtil pour notre législation. Mais remarquons que, même en raisonnant ainsi, s'il n'y a pas vente (1601), il y a toujours une convention, un contrat innommé, puisqu'il y a un accord de volonté sur un objet, putatif si l'on veut, mais sur un objet ; ainsi, je vous vends ma créance contre *Secundus* ; cette créance était éteinte, par une compensation légale (1290 et suivants) par exemple, au moment de la convention : il n'y a pas vente, mais il n'est pas moins vrai qu'il y avait eu accord de volonté sur un point de droit, le transfert de la créance ; cet accord de volonté, ce contrat, en vertu de l'art. 1107, est soumis aux règles générales contenues au titre 3 du livre 3 de notre Code civil. Celui qui eut été l'acheteur, s'il y avait eu vente, pourra donc, en vertu de l'art. 1284, *demander la résolution du contrat innomé, et les dommages-intérêts (1284, § 2)*, puisque ce contrat était bi-latéral. Lui ayant promis une certaine somme d'argent, en vue de ce transfert qu'il croyait devoir avoir lieu : le but de la garantie sera atteint sous un autre nom, sous une autre forme. Nous penserions, en examinant les termes mêmes de notre art. 1693, que le Code n'est pas aussi rigoureux, qu'il permet d'agir en garantie, en vertu du contrat de vente, après avoir reconnu lui-même (1108 et 1601) que la vente est nulle quand son objet n'existe pas au moment de la convention. Le législateur dit dans l'art. 1693 : *Celui qui vend une créance doit en garantir l'existence au moment du transport, quoiqu'il soit fait sans garantie.* Le législateur suppose que la créance, objet de la vente, n'existe pas au moment de la vente, et déclare que l'on agira en garantie. Mieux vaut suivre le texte, tout en reconnaissant le peu de logique du législateur, et mettre sous ce rapport toute distinction subtile de côté.

Ceci admis, quelle est l'étendue de la garantie de droit; le vendeur de créance répond-il seulement de l'existence de la créance au moment de la vente? Dans notre ancien droit, cette garantie de droit portait sur trois chefs. 1° Que la créance soit et subsiste; 2° qu'elle appartienne au vendeur; 3° qu'elle ne soit pas hypothéquée ou engagée à autrui[1]. Notre article n'applique la garantie qu'en cas d'existence de créance, mais remarquons que notre article est ici une interprétation de la volonté des parties, basée sur la bonne foi qu'elles se doivent dans tous contrats (1134). Qu'entend donc l'acheteur quand il achète une créance à *Primus :* l'on ne peut dire qu'il entend acheter une créance qui n'appartient pas à *Primus*, cette vente serait

---

1. Loyseau. *De la garantie des rentes*, chapitre III, § 23. Pothier. *De la Vente*, n° 559. Denisart, au mot transport de créance, n° 23, déclare que le vendeur garantit : 1° *Rem subesse;* 2° *rem suam esse;* 3° *nulli hypothecam esse.*

nulle : il n'entend pas acheter non plus une créance qui appartient au vendeur, mais qui a été donnée en gage : enfin, si cette créance appartient au vendeur, et n'a pas été donnée en gage, mais qu'elle puisse être annulée, il est encore évident pour nous, d'après le même principe, que le vendeur doit garantie, si la nullité est prononcée; aussi entendrions-nous les termes de l'article 1693 en ce sens que le vendeur garantit : 1° qu'il existe une créance non annulable; 2° que cette créance lui appartient; 3° qu'elle n'a point été diminuée ni éteinte par le fait ou la négligence du vendeur (gage ou prescription). Si le législateur s'occupe plus spécialement de cette première cause de garantie, c'est sans doute parce qu'elle comprend toutes les autres; car que serait pour l'acheteur une créance qui existerait, mais dont il ne pourrait se servir? c'est de l'existence utile que le législateur entend parler.

Si le vendeur doit garantir l'existence de la créance, il doit garantir cette existence telle qu'elle est définie dans l'acte ou les actes qui la constituent. Certes, si la créance, qui est dite de 50,000 francs, se trouvait n'être que de 25, l'on n'hésiterait pas à déclarer le vendeur soumis à garantie; l'on doit décider de même, si une créance est vendue comme garantie par une hypothèque, et que cette hypothèque n'existe pas : de même, pour une caution, les accessoires de la créance sont certainement presque toujours la cause déterminante de l'achat.

Quant aux faits postérieurs à la vente, qui peuvent amoindrir, dénaturer, anéantir la créance vendue, il faut ici appliquer les principes généraux sur les risques. Le vendeur, en principe, n'est pas responsable, mais il peut se présenter telles circonstances qui changent complètement le principe : ainsi, si le vendeur ne délivre pas les titres à l'acheteur, et l'empêche par là de faire les poursuites nécessaires, si le fait qui a amoindri la créance est un fait personnel au vendeur, il faut appliquer le principe général de l'art. 1628, et déclarer le vendeur responsable; soit qu'il ait reçu un payement, donné main-levée d'une inscription, libéré l'acheteur, etc., etc., postérieurement à la vente.

La prescription survenue après la vente, quoiqu'elle rétroagisse au jour où elle a commencé, ne donne pas lieu à garantie, car le cessionnaire est en faute de ne l'avoir pas interrompue; mais aussi, si le vendeur avait laissé ignorer, *malâ fide*, la prescription commencée, il y aurait recours contre lui. La décision, en cette matière, variera avec les circonstances; c'est aux tribunaux à apprécier d'après les règles générales des obligations.

Si la créance vendue avait été donnée en gage, nous avons dit qu'il pouvait y avoir lieu à garantie; mais on comprend que cette garantie variera aussi avec les circonstances postérieures : si le créancier gagiste est désintéressé avant que l'acheteur ait souffert du fait de gage, il ne lui sera rien dû; si, au contraire, le vendeur souffre quelques dommages, soit à raison du retard que le vendeur a mis à désintéresser ce créancier gagiste, soit à raison du fait que, n'ayant été désintéressé qu'en partie, ou que, n'ayant pas été désintéressé du tout, il a absorbé la créance en entier ou en partie, le vendeur peut être condamné, suivant les circonstances, à plus ou moins.

L'art. 1184 serait aussi applicable au cas où le vendeur refuserait la délivrance, la remise des titres (1689), sans lesquels l'acheteur ne peut agir.

Telle est la garantie de droit, amoindrie, augmentée par mille circonstances, dont nous n'avons fait qu'indiquer les plus remarquables, qu'il serait impossible de prévoir, et qui méritent chacune une discussion particulière; l'art. 1693 n'est pas absolu, les règles générales du contrat sont ici applicables.

Cette garantie de droit est due, alors même que l'on aurait ajouté la clause générale de non garantie; cependant cette clause générale peut avoir quelque influence sur l'étendue de la condamnation du vendeur garant [1].

Le Code ne dit rien sur l'effet de cette action en garantie; qu'elle sera la règle qui devra guider le juge : devra-t-on appliquer l'art. 1149, et les règles ordinaires en matière de dommages-intérêts, ou bien devra-t-on appliquer l'art. 1630 et 1631, qui assure, en tous cas, la restitution du prix à l'acheteur. Quelque soit l'arbitraire de cette dernière règle, nous croyons devoir nous y reporter; car la vente de créances est toujours une vente, et l'on doit lui appliquer les régles générales de la vente, qui ne sont pas contraires à son caractère particulier, ou à quelque règle spéciale. Le vendeur devra donc : 1° restituer le prix de vente, les intérêts de ce prix depuis le jour du payement; 2° les frais faits par l'acheteur, tant pour la demande contre le débiteur, que pour la demande en garantie; 3° les frais et loyaux coûts du contrat; 4° enfin des dommages et intérêts s'il y a lieu.

Cependant l'acheteur ne pourra pas exiger la différence entre le prix et le montant intégral de la créance, sous le seul prétexte que le débiteur était solvable, et que si la vente avait eu son effet il aurait été payé du tout. L'arti-

1. Voir à la page 90, alinéa *la garantie de droit.*

cle 1694 dit formellement, pour le cas bien plus favorable où le vendeur a répondu de la solvabilité du débiteur : *il n'en répond que jusqu'à concurrence du prix;* mais ces dommages-intérêts pourront être réclamés, si l'inexécution de la vente lui fait faire quelqu'autre perte, conformément aux articles 1149, 1150, 1151.

Si la créance cédée n'existait que pour partie, l'art. 1636 serait applicable; si la vente est résiliée en vertu de cet article, l'art. 1630 et 1631 s'appliquent encore. Si cette vente n'est pas résiliée, l'art. 1637 devient notre règle. Le vendeur doit restituer la valeur de la partie qui n'existe pas, suivant l'estimation à l'époque, non de l'éviction, puisqu'il n'y en a pas, mais des poursuites faites par l'acheteur. Si donc, la créance étant vendue pour 100, tandis qu'elle n'était que de 50, moyennant un prix de 75; le débiteur étant solvable, ce ne sera pas la moitié de 75 que devra rendre le vendeur, mais la moitié de 100; l'acheteur gagne à ce calcul. Si le débiteur est devenu insolvable et ne peut payer que 25 pour 100, ce ne sera pas la moitié de 75 que devra payer le débiteur, mais bien ce qu'il perd par la diminution de la créance, c'est-à-dire 12 et demi; car si la dette eût été de 100, il aurait eu 25, et, comme elle n'est que de 50, il n'aura que 12 et demi; l'acheteur, dans ce second cas, perd à ce genre de calcul, mais c'est l'application du principe romain, très-équitable, que l'on avait abandonné dans l'art. 1631 : je dis équitable; en effet, si la créance eût été entière, l'acheteur, dans ce système, de même qu'il eût pu voir s'augmenter la solvabilité du débiteur et en profiter; de même il eût pu aussi voir diminuer cette solvabilité et en souffrir. Si le Code, dans l'art. 1631, abandonne le système romain, et veut qu'en tous cas le prix intégral soit restitué, c'est qu'il voit un payement sans cause par l'éviction totale (ou la non existence de la créance dans notre espèce), si l'éviction n'est que partielle, le payement du prix à une cause : le Code revient au système romain ; de même, lorsque la créance existe en partie, le payement du prix a une cause, et l'art. 1631 ne doit plus être applicable.

La garantie de droit peut être diminuée, anéantie même par des conventions dérogeant à l'art. 1693. Ainsi, la convention de non garantie, si elle n'empêche pas la garantie de droit d'exister, si elle n'est censée faite que pour exclure la garantie de la solvabilité, produira l'effet qu'elle produisait autrefois [1], de ne faire condamner le vendeur qu'à la restitution du prix (il faut ajouter des fruits), et non à la restitution des dommages-intérêts. L'art. 1629 semble retracer l'opinion de Pothier, et se trouve naturellement applicable à la vente de créance. Il peut même exister des clauses qui annullent complétement la garantie de droit ; ainsi, lors de la vente, l'acheteur ayant connu le caractère peu certain de la créance, à déclaré acheter à ses risques. Mais il n'existe aucune formule légale : les termes de la convention, les circonstances dans lesquelles elle a eu lieu, doivent éclairer les juges seuls appréciateurs de l'intention des parties, qui doit être la base de leur jugement.

Le vendeur ne peut, quelle que soit la formule de non garantie employée, le cas serait-il même spécialement prévu, se décharger de la garantie de ces faits personnels. *Toute convention contraire est nulle*, dit l'art. 1628 : c'est là une règle d'équité applicable, quelle que soit la vente.

Garantie de fait. — La garantie de fait est celle dont le

---

1. Pothier, Vente, n° 185. *id.* — M. Bugnet, note 2. — Rousseau-Lacombe, garantie, n° 11.

vendeur n'est tenu que lorsqu'il s'y est obligé par une clause particulière du contrat. *Il y a trois espèces de cette garantie*, dit Pothier [1], *garantie de fait simplement dite; celle de fournir et faire valoir; et celle de faire valoir après simple commandement* [2]. Denisart admettait deux espèces de garanties de fait : *garantie de tous troubles et empêchements quelconques, garantie de fournir et faire valoir* [3]. Les dissentiments étaient grands aussi, entre les auteurs, sur la valeur de ces différentes clauses; elles étaient faites d'avance et copiées servilement dans les actes, il y avait donc grande importance à savoir quelle était l'étendue des droits qu'elles faisaient naître : mais rien n'empêchait, les parties de s'expliquer plus clairement.

Dans notre Code, la garantie de fait est régie par les deux art. 1694, 1695. L'on peut voir dans ces deux articles la reproduction, plus ou moins fidèle, des anciennes garanties de fait prévues par les auteurs et classifiées par degrés d'importance; mais les dissensions, qui existaient autrefois sur l'interprétation de ces clauses, nous font pressentir que les rapprocher de nos articles, pour servir à leur explication, serait augmenter la difficulté, les art. 1694 et 1695 étant très-clairs par eux-mêmes. Il en résulte une règle générale, c'est que le législateur est peu favorable à l'extension de la garantie : l'interprétation des clauses tendant à étendre cette garantie ne doit pas être entendue dans l'intérêt du cessionnaire, lorsqu'elles ne sont pas formelles. Ainsi, la clause de garantie de la solvabilité s'entend de la solvabilité actuelle seulement; à moins que la solvabilité future

1. Pothier. Vente, n° 559.
2. Voir Loyseau. *De la garantie des rentes.*
3. Denisart, éd. 1768. Transport, n° 24.
4. Voir Pothier, art. 3 de la vente des créances au *Traité de la Vente.*

n'ait été formellement exprimée (1695); le vendeur ne ré
pond de cette solvabilité que jusqu'à concurrence du prix
de vente (1694). Telles sont les dispositions de ces articles, mais rien n'empêche les parties de donner d'autres
bornes à la garantie : le vendeur peut même promettre de
payer, si le débiteur ne paye pas. Les juges auront, dans
chaque cas particulier, à apprécier l'étendue de la garantie,
d'après les clauses convenues entre les parties; telles
expressions, telles circonstances de l'affaire, tels rapports
antérieurs des parties peuvent les éclairer.

Des circonstances postérieures à la vente peuvent changer cette garantie de fait. Ainsi, l'acheteur ne renouvelle
pas une hypothèque, libère une caution, n'interrompt pas
la prescription. L'on a voulu distinguer ici, et dire : si
l'insolvabilité du débiteur résulte du *fait* de l'acheteur,
la garantie n'est plus due ; mais si elle résulte d'une négligence, d'une omission, la garantie subsiste. L'on s'appuie, pour soutenir cette opinion, sur le numéro 557
du traité des obligations de Pothier, que l'on prétend
être reproduit dans l'art. 2037, de notre Code. Cette
opinion semble contestable. Pothier lui-même, quand il
traite de la vente de créance, examine de nouveau la
question sous ses deux sens, et déclare, se rangeant à
l'autorité de Loyseau, que l'acheteur perd son recours en
garantie, soit que l'insolvabilité soit survenue par le fait,
soit qu'elle soit survenue par la négligence de l'acheteur,
soit qu'il ait libéré une caution, soit qu'il ait laissé s'accomplir une prescription[1]. Pothier s'appuie ici du ca-

---

[1]. Pothier. N° 565 de la vente. Pothier ne se contredit pas ici, puisque, comme le fait remarquer M. Bugnet (dernière note, second numéro), il raisonne dans des circonstances qui ne sont pas identi-
ques.

ractère de mandataire qu'a l'acheteur ; *a fortiori*, doit-il en être ainsi lorsqu'il est véritable *dominus*, comme dans notre législation. Quant à l'art. 2037, l'on doit peut-être ne pas le prendre trop à la lettre. Les mots par *le fait de ce créancier*, qui le terminent, doivent être expliqués par ces paroles de M. Chabot, dans son rapport au tribunat : *Quand le créancier s'est mis hors d'état de faire à la caution la subrogation de ses droits et hypothèques, la caution est déchargée.* M. Chabot ne distinguait pas entre le fait et la faute : et en prenant même l'article dans un sens restreint, nous ne verrions pas qu'il doive s'appliquer à notre espèce, dont les circonstances sont différentes, comme le dit Pothier lui-même. Le cédant ne sera donc pas tenu à garantie, si, par son fait ou par sa faute, le cessionnaire a diminué la solvabilité du débiteur, quoique la garantie de fait ait été stipulée dans la vente [1], soit pour la solvabilité présente, soit pour la solvabilité future, quoique le vendeur ait promis payer, si le débiteur ne payait pas après commandement.

Dans ces différents cas, l'acheteur n'est plus en faute, si le vendeur n'a pas rempli l'obligation de l'art. 1689, s'il n'a pas fait la délivrance et qu'il ait été en demeure de la faire ; l'acheteur alors ne peut perdre le droit à garantie que par son fait (1138 *in fine*).

Même sans avoir été mis en demeure, le vendeur ne pourra opposer à l'acheteur l'insolvabilité arrivée par sa négligence, pour se soustraire à la garantie de fait, s'il résulte des circonstances que le vendeur s'était chargé des actes conservatoires. Dans ce cas, n'avoir pas délivré les titres de la créance serait une forte probabilité contre lui, quoiqu'il n'ait pas

---

1. M. Bugnet sur Pothier. *Traité de la vente.*, page 223, note **3** et suivante. Édition 1817.

été mis en demeure ; le troisième paragraphe de l'art. 1135 trouverait ici son application : *les conventions doivent être exécutées de bonne foi.*

Quel sera l'effet de la vente, non d'une créance, mais d'une partie d'une créance ? L'art 1252, qui donne la priorité au subrogeant, n'est certainement pas applicable au cédant ; mais, le cessionnaire aura-t-il, au contraire, la priorité sur le cédant. Il faut distinguer : si la vente a été faite sans clause touchant la garantie, cédant et cessionnaire viendront en concurrence. Si le cédant a promis seulement garantie de solvabilité actuelle, il faudra décider de même ; mais, si le cédant avait promis la solvabilité future ou promis ne payer, si le débiteur ne payait pas, il ne pourrait préjudicier aux droits de son cessionnaire, qu'il devrait garantir.

L'action en garantie se prescrit par trente ans, comme toute action pour laquelle la loi n'a pas établi de prescription particulière, sauf le cas bizarre de l'art. 886.

L'action en garantie est soumise aux formes ordinaires, tracées au Code de Procédure, pour les poursuites des créanciers contre leurs débiteurs ; l'acheteur agira, après avoir justifié de toutes les diligences qui lui sont imposées, (soit, discussion des biens ou simple commandement, etc).

§ 2. — Effets entre le vendeur et les tiers.

La vente de créances transporte le droit de créance à l'acheteur ; l'art. 1690 porte à ce principe une restriction : tant que la vente n'a pas été signifiée au débiteur, le créancier vendeur est toujours censé créancier à l'égard des tiers ; il resulte de là plusieurs conséquences dans les rapports du cédant et des tiers avant la signification ou l'acceptation, de la vente.

1° Le créancier cédant peut poursuivre le débiteur et les personnes engagées à la dette, telles que les cautions, les personnes qui, quoique non engagées personnellement, ont donné hypothèque ou gage; il peut donc à *fortiori* faire des actes conservatoires.

2° Le créancier peut toujours recevoir valablement le payement, libérer les débiteurs, par une remise de dettes, ou autrement.

3° La créance reste toujours le gage commun des créanciers du cédant.

4° La compensation peut avoir lieu entre le débiteur et le cédant, conformément aux articles 1289 et suivants.

5° Le débiteur, attaqué par le cédant, ne peut lui opposer la cession, non encore signifiée ou acceptée. Cependant, et malgré l'arrêt de cassation du 4 décembre 1827, nous ne saurions admettre cette conséquence. L'on comprend cette décision dans l'ancienne législation [1] : alors, en effet, Ferrières, commentant la coutume de Paris (art. 108), qui ne reconnait aucun transport de droit, avant la signification, ni à l'égard des tiers, ni à l'égard du cédant, peut dire que le débiteur, poursuivi par le créancier cédant, ne sera pas recevable à lui opposer un transport de droit qui n'existe pas encore; mais, dans notre législation, s'il est vrai que (art. 711, 1138, 1583 et 1690) les droits se transfèrent par le seul effet des conventions, je ne vois pas pourquoi le débiteur ne pourrait pas invoquer l'acte juridique qui s'est accompli. L'on oppose l'art. 1690 qui dit que: *le cessionnaire n'est saisi, à l'égard des tiers, que par la signification du transport faite au débiteur*, (ou *acceptation authentique*). Mais, cet article ne doit pas être entendu

---

1. Ferrières. Sur l'art. 108 de la coutume de Paris, § 1, n° 9.

dans son véritable sens, c'est-à-dire, comme garantie de publicité accordée aux tiers. Un droit ne peut pas être et n'être pas transféré : l'art. 1690 établit ici une fiction protectrice, dont le débiteur peut ne pas profiter. Si le cessionnaire l'attaque ayant la signification : qu'il oppose le défaut de signification, l'art. 1690 l'y autorise ; mais, cet article ne le force pas à ne pas répondre à la demande du cédant.

Après la signification ou l'acceptation de la vente, le créancier est complétement étranger à la créance, sauf toutefois son privilége de vendeur, si le prix n'a pas été payé.

§ 3. — Effets entre l'acheteur et le débiteur.

Avant la signification ou l'acceptation, le créancier vendeur est toujours créancier à l'égard du débiteur ; de là, il résulte dans les rapports de l'acheteur et du débiteur.

1° L'acheteur ne peut se plaindre du payement fait, avant la signification ou l'acceptation, entre les mains du créancier vendeur ; cependant, des quittances sous seing privé lui sont-elles opposables ? Denisart prévoit la question [1] : il paraît que, dans notre ancienne législation, les principes n'étaient pas arrêtés à cet égard ; car, après avoir cité un jugement du parc civil du Châtelet, (25 juin 1754), qui qui avait refusé d'admettre contre le cessionnaire des quittances du débiteur, qui ne les avait opposées que quatre mois après, Denisart fait remarquer que le débiteur était un *aventurier* ; c'est-à-dire, qu'il avait payé d'avance. Denisart cite un autre arrêt du 10 février 1565, rapporté par Carondas, (observ. verb. cession). Bourgon [2] nous dit

---

1. Édit. 1768, au mot transport, n° 13, 14, 15.
2. t. 2, page 466, n° 1.

que : *nonobstant la signification…… les quittances que le débiteur a du cédant, quoique sous signatures privées peuvent être opposées au cessionnaire, pourvu que cela se fasse incontinent après.*

Dans notre législation, que décider?… Si les quittances ont dates certaines, elles sont toujours opposables au cessionnaire, si elles sont antérieures à moins de les attaquer comme frauduleuses; mais, si elles n'ont pas date certaine, que décider?… Si nous considérons le cessionnaire comme un ayant cause, les quittances sous seing privé et sans date certaine leur sont opposables (1322); si nous le considérons comme un tiers, nous devons déclarer que l'acte, sous seing privé, s'il n'a pas date certaine, ne lui est pas opposable, (1328). Tels sont les deux seuls systèmes rigoureusement possibles : ou consacrer la fraude, la faciliter dans le premier; ou bien forcer le débiteur à payer deux fois, si la quittance n'a pas date certaine, dans le second : car nul n'ignore que, dans la pratique, les payements partiels et les payements d'intérêts se constatent par une quittance sous seing privé que vient remplacer ensuite après payement total, une quittance générale, revêtue d'un caractère moins contestable. Considérant donc qu'avant la signification le débiteur peut complétement ignorer l'acte passé entre le cédant et le cessionnaire, et que par conséquent il n'a nullement à se prémunir contre cette cession; que d'un autre côté, exiger, pour garantir le cessionnaire contre la fraude de quittances données après coup, que le débiteur présente immédiatement sa quittance comme dans l'ancienne jurisprudence, est un moyen qui est loin d'être suffisant et qui établirait une règle plutôt préjudiciable que favorable au cessionnaire; nous pensons qu'il faudra laisser ici une certaine latitude aux tribunaux, et déclarer que le débiteur doit prouver par toute sorte de moyens que ses quittances sont sincères. Si l'on recule devant la rigueur des principes qui, il faut le dire, seraient souverainement injustes, si l'on veut se créer une règle de conduite, il faut choisir la règle qui atteindra le plus facilement le but : satisfaction à tous les intérêts. Les art. 571 et 573 (C. PR.) nous présenteraient un argument d'analogie assez puissant. Parmi les présomptions de la sincérité des quittances, nous pouvons citer la production de ces quittances, aussitôt après la signification de l'acte; mais le juge ne sera pas lié par cette production qui peut cacher une fraude. Le cessionnaire pourra aussi combattre les preuves du débiteur; le juge appréciera.

2° Le débiteur peut opposer au cessionnaire toute compensation survenue entre lui et le créancier cédant, jusqu'à la signification. Mais il n'en serait pas de même si, au lieu d'une signification de la vente par le cédant ou le cessionnaire, il y avait eu acceptation de cette vente par le débiteur lui-même. L'article 1295 nous dit, en effet, que cette acceptation, *pure et simple*, enlève au débiteur le droit d'opposer au cessionnaire la compensation qu'il pouvait opposer avant cette acceptation. Il est bien entendu que le débiteur peut faire réserve de ses droits à cet égard; mais pour que notre article s'applique, il n'est pas nécessaire que dans l'acceptation le débiteur renonce formellement a la compensation.

L'article 1299 peut-il venir modifier l'article 1295, nous le penserions et donnerions au débiteur le droit d'opposer la compensation au cessionnaire, malgré son acceptation, lorsqu'il avait juste raison d'ignorer la possibilité de cette compensation; en effet, l'article 1295 est basé sur deux présomptions : 1° qu'il existe une dette compensable; 2° que le débiteur renonce à la compensation. Mais, si le débiteur avait juste raison d'ignorer qu'il existait en sa faveur une créance contre son créancier, qui éteignait sa dette, et qu'il s'engage néanmoins à la payer, n'est-il pas dans une position identique à celle du débiteur de l'article 1299, qui paye ayant juste motif d'ignorer qu'il existe une créance en sa faveur, compensable avec sa dette, et auquel la loi accorde le droit de se prévaloir contre les tiers des hypothèques et priviléges qui étaient attachés à ses créances.

3° Le créancier étant toujours créancier, le cessionnaire ne peut agir contre le débiteur pour se faire solder le prix. Cependant, ayant admis que le débiteur peut opposer au cédant la cession même avant la signification pour l'arrêter dans ses poursuites, nous devons admettre que le débiteur peut payer au cessionnaire. Ajoutons que cet acte serait imprudent, non vis-à-vis du cédant, mais vis-à-vis d'autres intéressés pour lesquels le cessionnaire n'est réputé saisi que par la signification ou l'acceptation.

4° Le cessionnaire, ne pouvant attaquer le payement fait au créancier, ne peut attaquer par voie de tierce opposition le jugement rendu entre le cédant et le cessionnaire avant la signification.

5° Le cessionnaire n'étant rien jusqu'à la signification ou acceptation à l'égard du débiteur, il semblerait *à priori* que l'on doit lui refuser le droit de faire des actes conservatoires; on doit décider, cependant, qu'il pourra toujours au moins en vertu de l'art. 1166, faire ces actes au nom du cédant, son débiteur, comme tout autre créancier.

6° Si le débiteur meurt avant la signification, laissant le créancier cédant pour héritier, il y a confusion; mais si, *la cession n'existant pas à l'égard des tiers*, les cautions se trouvent libérées, il n'en est pas de même à l'égard du cédant : la confusion n'a éteint sa dette qu'en ce sens qu'il ne peut être son propre débiteur ; mais à l'égard du cessionnaire, le créancier cédant est un successeur à la dette du débiteur, car entre le cédant et le cessionnaire, le cédant n'était plus créancier, et ne peut arguer de la confusion, mode d'extinction tout relatif. Le cessionnaire demandera donc le montant de la créance et n'aura pas besoin de recourir à la garantie qui pourrait lui être refusée.

Après la signification ou l'acceptation, le cessionnaire est créancier : c'est donc à lui que l'on doit payer, c'est avec lui que pourront s'opérer les compensations, etc.

Ici nous devons signaler quelques différences entre le cessionnaire du droit Romain et le cessionnaire du droit Français, résultant de leur qualité différente. Nous avons vu que le cessionnaire du droit Romain acquiert l'émolument du droit de créance, mais qu'il n'est qu'un représentant du créancier ; nous en avons conclu qu'il ne pourra se servir contre le débiteur des priviléges ou autres droits attachés à sa personne pour rendre pire la position du débiteur. En droit Français, la créance passe telle qu'elle est dans le patrimoine du cessionnaire ; celui-ci est, non représentant, mais vraiment créancier. Nous croyons pouvoir en conclure que certains droits accessoires attachés à la personne du créancier varieront avec cette personne. Ainsi, le créancier est un majeur, il vend la créance qui est sur le point d'être prescrite à un mineur : la prescription sera suspendue (2252). — Le créancier a le droit d'agir par la contrainte par corps, il vend sa créance à l'une des personnes énoncées dans l'art. 19 de la loi du 17 avril 1832, époux, ascendants, père, etc., du débiteur : la contrainte par corps ne pourra plus être exercée ; mais si ce cessionnnaire vend à son tour à une personne tout à fait étrangère, la contrainte par corps devra revivre.

L'on admettait autrefois[1], et nous pensons que l'on doit admettre aujourd'hui que le débiteur n'est pas tenu de payer sur signification d'une cession sous seing-privé, il n'est pas obligé de reconnaître ou de dénier la signature d'un acte auquel il n'a pas été partie (1323), il peut demander la preuve de la vérité de l'acte et attendre pour payer que cela soit établi, mais il n'est nullement nécessaire que cette cession soit authentique, aucun texte ne l'exige, et l'art. 1320 attribue même effet à l'acte sous seing-privé qu'à l'acte authentique quant au dispositif de cet acte.

§ 4. — Effets de la vente entre l'acheteur et les créanciers du vendeur.

Le débiteur n'est saisi à l'égard des tiers que par la signification (et l'acception), nous dit l'art. 1690. L'art. 1691 nous dit implicitement que le débiteur cédé est un tiers, mais les créanciers du créancier cédant sont-ils des tiers, jusqu'à la signification? La vente de créance ou la cession, pour parler plus généralement, est-elle censée ne pas exister, le créancier cédant est-il toujours créancier à leur égard? On doit décider que ce créancier est un véritable tiers, et non un ayant-cause. Sont ayants-cause ceux qui ont succédé au signataire de l'acte qui constate leur droit; or, le créancier ne succède pas aux droits de son débiteur; bien loin de là, il acquiert un droit à lui appartenant et né en lui sans antécédants; il n'est pas *habens causam debitoris*, mais, tout au contraire, *habens causam adversus debitorem*. Que les créanciers soient antérieurs ou

1. Denisart. Édit. 1768. Voy. transport, n° 11.

postérieurs à sa cession, ils sont des tiers, la cession est donc pour eux censé ne pas exister, la créance cédée est, comme tout autre, leur gage commun (2093). Il résulte de là que les créanciers du créancier cédant peuvent, avant la signification de la cession, saisir et arrêter la créance cédée entre les mains du débiteur (tiers saisi). Sur l'effet de cette saisie s'élevent de graves difficultés ; bien des systèmes se présentent pour en régler le résultat.

Plusieurs hypotèses peuvent se présenter, nous les examinerons successiviment.

Première hypothèse. — Aucune saisie-arrêt n'a été faite avant la signification (ou acceptation). — Par la signification ou acceptation, le cessionnaire est devenu créancier, il a été investi du droit de créance. Ce droit n'est plus dans le patrimoine du créancier cédant, ses créanciers ne peuvent saisir-arrêter cette créance qui a cessé d'être leur gage. Aussi sur l'art. 573 du Code de procédure n'hésite-t-on pas à admettre que le tiers saisi doit déclarer non-seulement les saisies-arrêts faites entre ses mains, mais encore les significations ou acceptations de cession qui peuvent avoir eu lieu.

Deuxième hypothèse. — Les créanciers du cédant ont saisi-arrêté la créance cédée entre la cession et la signification. — La saisie aura son effet, car le créancier cédant était encore créancier à l'égard des créanciers saisissants, mais la signification postérieure restera-t-elle sans effet ? Partant de ce principe, signification vaut saisie-arrêt, principe admis par un grand nombre d'auteurs. Nous distinguerons : 1° si la signification est postérieure au jugement prononçant validité de saisie et saisissement pour le saisissant de la somme arrêtée entre les mains du tiers saisi ; 2° si la signification est antérieure à ce jugement. Dans le

premier cas, les saisies postérieures au jugement déclaratif
de validité ordonnant le dessaisissement du tiers saisi entre
les mains des saisissants sont déclarées sans effets sur les
sommes saisies[1]; la signification dans les mêmes circonstances sera aussi sans effet, quant aux sommes saisies.
Dans le second cas, la saisie ayant eu lieu avant le jugement, aurait amené un concours entre le dernier saisissant et les saisissants antérieurs; la signification ayant
eu lieu dans les mêmes circonstances amènera un concours
entre le cessionnaire et les saisissants antérieurs à la signification.

Ce principe même: *signification vaut saisie-arrêt*, brocard
de notre ancienne jurisprudence, peut être contesté. En effet, il n'existe plus dans notre législation actuelle le parallé-
lisme presque complet qui existait autrefois entre la saisie et
la signification, la saisie ne constitue plus par elle seule un
droit de préférence en faveur du créancier saisissant; mais le
cessionnaire ne se présente pas non plus comme créancier
du débiteur cédé, mais bien simplement comme créancier
du créancier cédant en vertu de son obligation de garantie :
car si les créanciers du créancier cédant peuvent dire que
la vente ou cession est non avenue à leur égard avant la
signification, c'est en tant que convention emportant transfert de droit; mais rien n'empêche, nous le verrons,
qu'un débiteur augmente par une nouvelle obligation le
nombre de ses créanciers et diminue par conséquent l'efficacité de leurs gages. Dénier à la signification l'effet de
valoir saisie-arrêt, ce serait forcer le cessionnaire à faire

1. Au moins cette idée est admise par grand nombre d'auteurs. Il
faut avouer aussi qu'elle est contestée par plusieurs cours. (Voir Carré
et Fauveau, t. IV, question 1971 bis.) Il ne nous appartient pas de la
discuter ici.

un acte de procédure nouveau (une saisie-arrêt); ce serait peut-être plus régulier, mais il faut reconnaître que ce serait bien peu utile, le rang des saisies ne donnant pas rang pour la distribution des deniers saisis : cette signification qui contient ordre de payer au cessionnaire, équivaut bien à la saisie-arrêt qui contient défense de payer au cédant, et elle présente l'avantage de diminuer les frais.

Ainsi donc, nous accorderions au cessionnaire quand des créanciers du cédant ont saisi-arrêté la créance cédée, le droit de se présenter comme créancier du cédant pour concourir avec les saisissants à la distribution des deniers arrêtés, par cela seul qu'il a fait signification de la cession avant le jugement qui dessaisissait le tiers saisi, et cela sans qu'il lui soit besoin de faire encore une saisie-arrêt, et pour la somme à laquelle lui donne droit l'obligation de garantie du vendeur.

Troisième hypothèse. — Les créanciers du cédant saisissent la créance avant la cession. — Selon nous, la portion du cessionnaire est identiquement la même que dans l'hypothèse précédente ; cependant certains auteurs soutiennent que par cela seul que la saisie a été opérée, le tiers saisi ne pouvant opposer une compensation survenue depuis cette saisie, ni payer entre les mains du créancier au préjudice des saisissants (1298, 1242), le créancier saisi ne pouvant transférer plus de droits qu'il n'en a lui-même, ce créancier n'a pas pu, postérieurement à cette saisie, créer de concurrents aux saisissants ; les créanciers postérieurs n'ont pas à se plaindre, ajoute-t-on, parce qu'ils n'ont pas dû compter sur un gage qui était déjà placé sous la main de la justice.

Nous avons vu qu'il ne pouvait plus être question de

transfert du droit de créance nuisible aux créanciers qui avaient saisi et arrêté avant la signification; c'est donc comme créancier du cédant que se présente le cessionnaire. Réduite à ces termes, la question revient à savoir si un créancier dont la créance est née postérieurement à la saisie-arrêt d'un cocréancier, peut aussi, par une saisie-arrêt venir concourir avec le premier saisissant.

Dans notre ancienne jurisprudence, la question ne pouvait soulever de difficultés. La saisie-arrêt portant sur une créance échue créait au profit du premier saisissant un droit de préférence, portant sur une créance non échue, elle créait un droit de préférence pour tous les saisissants antérieurs à l'échéance. Tout saisissant postérieur tout à la fois et aux saisies et à l'échéance ne pouvait venir concourir avec le ou les saisissants antérieurs[1].

Dans notre Code de procédure tout est changé, la saisie-arrêt ne crée aucun droit de préférence. Après une saisie, les créanciers faisant saisie-arrêt concourrent avec le premier saisissant, et cependant adopter l'opinion que nous combattons, ce serait créer un droit de préférence, non plus en faveur du premier saisissant, mais en faveur des saisissants dont la créance n'est pas postérieure à la première saisie. Droit, il faut l'avouer bien arbitaire et contraire à l'art. 2093, car la saisie ne fait pas sortir la créance saisie du bien du débiteur. Tout au plus cet effet est-il produit par le jugement de dessaisissement. Dans la saisie immobilière, nous trouvons défense faite au saisi (686, 603) d'aliéner les immeubles saisis postérieurement à la transcription de la saisie, mais nulle part nous ne trouvons que l'immeuble saisi n'est pas le gage de

---

1. Pothier. *Traité de la procédure civile*, partie iv, chap. ii, section iii, § 6. — Bourjon, livre VI et VIII, chap. i.

tous les créanciers antérieurs ou postérieurs à la saisie immobilière. Nous voyons même que l'art. 684 du Code de procédure permet aux créanciers et à l'adjudicataire de faire annuler le bail consenti par le saisi, et qui n'aurait pas date certaine antérieure au commandement : si notre article ne l'avait pas défendu il l'aurait donc pu. La limitation de cet article prouve que le saisi n'est pas complétement incapable, s'il ne peut disposer de cet immeuble, au moins les créanciers antérieurs à la saisie immobilière ne l'ont pas seuls pour gage. S'il en est ainsi en matière immobilière, pourquoi dire que la saisie-arrêt produira des effets plus étendus. Quant aux articles 1242 et 1298, ils n'ont pas trait à la question, ils règlent des rapports différents. Au reste le système que nous combattons nous conduirait à déclarer que tout créancier dont le titre n'a pas date antérieure à la première saisie, ne peut plus concourir avec les premiers saisissants. Pour être conséquent, il faudrait admettre que le cessionnaire ne pourra *jamais* utilement vis-à-vis des saisissants invoquer son titre de créancier du cédant ; car, de deux choses l'une : ou la signification est antérieure aux saisies ; et alors elle transfère au cessionnaire la créance cédée, ou elle est postérieure aux saisies, et alors qu'importe que la cession ait date certaine antérieure aux saisies, la signification seule a pu donner quelque valeur à la cession vis-à-vis des tiers, et cette signification a eu lieu à une époque où aucun droit ne pouvait être créé utilement contre les saisissants, au moins selon le système que nous combattons.

Il est permis de reculer devant de pareilles conséquences. Nous pensons donc que le cessionnaire, dont la signification est postérieure aux saisies, pourra, pourvu que sa cession soit antérieure ou postérieure à ces mêmes saisies, concourir avec les saisissants, soit en vertu de la signification, si l'on admet que signification vaut saisie, soit en vertu d'une saisie qu'il peut faire aussitôt, pourvu qu'il ait droit à une garantie quelconque, qu'il soit créancier du cédant. Nous n'excepterions que le cas ou, comme nous l'avons dit plus haut, cette signification ou saisie serait postérieure au jugement de dessaisissement : sa diligence serait alors inutile à l'égard des créanciers, en faveur desquels le jugement est rendu.

Quatrième hypothèse. — *Il y a des saisies antérieures et postérieures à la signification.* — Comment se fera le partage : pour raisonner posons l'espèce avec des chiffres et des noms. Pierre doit à Jean 10 000 francs ; Jean vend sa créance à *Secundus* 10 000 francs le 1er mai ; le 2 mai survient une saisie de 5000 francs au nom de *Primus*, créancier de Jean ; le 3, signification de transport de *Secundus* ; le 4, autre saisie de *Tertius* pour 5000 francs.

Bien des systèmes ont été proposés : les énumerer et les discuter serait bien long : en exposant et motivant le système que nous croyons devoir adopter, nous exclurons les autres et montrerons qu'ils pèchent par quelque point.

Reprenant donc l'espèce que nous avons posée, nous disons : 1º la saisie de *Tertius* est nulle, complétement nulle : en effet, la signification étant antérieure à sa saisie, quand il a saisi-arrêté la créance du cédant, ce cédant n'était plus créancier, sa saisie n'a donc pas plus d'effet que s'il avait saisi une créance qui n'a jamais appartenu au créancier cédant son débiteur ; 2º reste à régler les rapports de *Primus* et *Secundus* : *Primus* avait opéré une saisie pour 5000 francs, *Secundus* a saisi par sa signification pour 1000 francs, ils doivent concourir chacun proportionellement aux causes de leur saisie, dans l'espèce

Secundus aura deux tiers c'est-à-dire 6666 fr. 66, *Primus* aura un tiers c'est-à-dire 3333 fr. 33.

Ces idées, qui nous semblent exactes, ont soulevé des objections ; l'on dit : 1° dans ce système l'on fait produire à la saisie l'effet de créer un droit de préférence en faveur de *Primus*, premier saisissant contre *Tertius* qui est créancier comme lui. Cette objection doit tomber devant cette simple remarque, *Primus* et *Secundus* avaient des droits égaux , s'ils s'étaient présentés l'un et l'autre après la signification du transport, ils auraient été repoussés tous deux. La signification a anéanti le droit de leur débiteur ; seulement, *Primus* a été diligent, il a conservé son droit sur cette créance ; *Tertius* n'a pas été diligent, il l'a perdu. On peut les comparer à deux créanciers d'un même débiteur : l'un interrompant une prescription qui courait, conserve son droit ; l'autre laisssant accomplir la prescription, perd son droit. Dira-t-on qu'il y a là un droit de préférence ? Non certes, notre décision en ce point est une application des principes de l'art. 1690.

2° Dans ce système l'on fait concourir le cessionnaire avec le premier saisissant, et cependant les articles 1242 et 1298 attribuent un droit au créancier saisissant qui ne pouvait être diminué par le cédant. Nous avons déjà rejeté dans la troisième hypothèse, cette pensée ; il est inutile d'y revenir.

3° L'on dit encore que la créance n'est sortie du patrimoine du saisi que pour ce qui excède les causes de la première saisie, et que par conséquent, sur cette somme, la saisie de *Tertius*, deuxième opposant est valable : ceci repose, je crois, sur une idée inexacte : la signification nous l'avons déjà dit, n'a pas pour but de transférer le droit de créance : en principe, il est transféré par la convention

de vente : seulement l'acheteur n'est censé saisi, à l'é-
gard du tiers, que par la signification. Tout créancier donc
qui aura opéré saisie avant cette signification, aura profité
des bénéfices de cette fiction, mais pour les autres créanciers, la signification a transféré toute la créance; la saisie
faite par ses créanciers après la signification est donc de
nul effet.

Nous pensons donc que nous devons être guidés en
cette matière par ces deux idées : 1° le créancier saisissant
antérieur n'acquiert pas de droits de préférence sur le
cessionnaire, en tant que celui-ci se présente comme
créancier. 2° la seconde saisie-arrêt postérieure à la
signification est complétement nulle.

Cinquième hypothèse. — *La cession n'a été que partielle.* — Il faut ici distinguer: 1° Si la créance suffit,
déduction faite de la partie cédée, pour satisfaire tous les
opposants, le cessionnaire deviendra créancier pour la
partie cédée. 2° Si la créance ne suffit pas, et si la signification est antérieure aux saisies, les saisies ne seront
valables que sur la partie non cédée. 3° Si la créance ne
suffit pas, et si la signification est postérieure aux saisies,
le cessionnaire viendra en concurrence avec les saisissants comme créancier du cédant. 4° si la créance ne suffit
pas, et s'il y a des saisissants antérieurs, et d'autres postérieurs à la signification, la solution sera plus difficile.
Nous ne pouvons suivre ici le système que nous avions
adopté pour le cas ou il y avait cession complète de la
créance : en effet, l'on ne peut pas dire que la créance ne
soit plus dans les biens du créancier cédant, elle y est
encore pour partie, reprenant donc l'espèce précédente, et
supposant que *Primus* a saisi le 1er mai pour 5000 fr.
une créance de 10000 fr., que *Secundus* a signifié le 2 mai

sa cession de la moitié de la même créance pour 5000 fr., que *Tertius* a saisi pour 5000 francs la même créance le 3 mai : nous dirons qu'il faut faire deux masses de 5000 fr. chacune ; en effet, malgré la signification, la créance de 10 000 fr. était encore pour 5000 fr. dans les biens du créancier cédant, la saisie de *Tertius* est valable pour les 5000, mais elle n'a pour gage que 5000 fr. ; la signification de *Secundus* au contraire, vaut saisie pour le tout; la saisie-arrêt de *Primus* également. Alors nous aurons une première masse de 5000 fr. sur laquelle concourront *Primus Secundus* et *Tertius*, chacun pour 5000 fr. Il leur reviendra donc à chacun un tiers de 5000 c'es-à-dire 1666 fr. 66. Nous aurons encore une seconde masse de 5000 fr. sur laquelle, *Primus* et *Secundus* concourrent seuls au prorata de leur créance, dans l'espèce chacun 5000 fr. c'est-à-dire un demi : ce qui leur fera 2500 fr. chacun. De sorte que, *Primus* et *Secundus* auront chacun 4166 fr. 66. *Tertius* au contraire n'aura que 1666 fr. 66.

L'on peut se demander maintenant quel sera l'effet de la rénonciation du 1er saisissant à la saisie : si la cession était totale : le cessionnaire ne trouvant aucun concurrent, puisque la 2e saisie, selon nous, est complétement non avenue, il acquerrait la créance ; il n'aurait plus à invoquer son titre de créancier du cédant, il est propriétaire du droit de créance. Si la cession n'était que partielle : pour la partie cédée, le 2e saisissant n'arait aucun droit, mais sa saisie porterait sur la partie non cédée.

Nous avons dit, en parlant des effets de la cession entre le cessionnaire et le débiteur cédé, que ce débiteur pouvait payer entre les mains du cessionnaire avant même la signification : remarquons que ce payement ne peut nuire aux droits des créanciers du cédant, et autres tiers

intéressés, car, pour eux, il n'y a pas un événement inves-
titif du droit de créance.

Il en serait autrement, si ce débiteur cédé, payait par
suite d'un jugement rendu contradictoirement avec le cessionnaire : nous supposons ici que le cessionnaire, sur refus
de payement par le débiteur cédé, le cite devant les tribunaux : là, se débat la question de savoir, non si le cessionnaire peut poursuivre, mais si le débiteur cédé était
véritablement débiteur du cédant. Le débiteur est condamné, selon nous. Il y a acceptation, puisque le débiteur
reconnaît la qualité du cessionnaire, et authenticité, puisque le jugement émane des tribunaux. L'art. 1690
n'exige que ces deux qualités, et ne nous dit pas que l'acceptation doit être faite expressément. Le même caractère
résulterait aussi d'une quittance authentique donnée au
débiteur par le cessionnaire, en sa qualité de cessionnaire.

Quel sera l'effet de la signification d'une cession sous
seing privée? d'après ce que nous avons dit plus haut sur
le droit qu'avait le débiteur cédé de refuser le payement
jusqu'à constatation de la véracité de la signature, nous pensons que cette signification a le même effet que si la cession
était authentique. Sa véracité peut être contestée, mais si
elle est plus tard constatée, rien n'est changé, ni quant
au moment du transfert, ni, par conséquent, quant aux
rapports entre le cessionnaire et les créanciers du cédant.
(1320, 1322, 1323, 1328). C'est ici une simple question
de preuve. Une fois cette preuve faite, l'acte a le même
effet qu'il aurait eu si rien n'eût été contesté.

Il nous reste encore à parler de la vente d'intérêts, fruits
ou arrérages. Le droit de réclamer ces intérêts, fruits ou
arrérages sera-t-il transferé à l'acheteur par la signification
de la vente ou l'acception authentique? Après ces actes,

les créanciers du cédant seront-ils déchus de tout droit de saisir-arrêter ces choses cédées?

La décision de notre ancien droit était celle-ci : la signification du cessionnaire ou la saisie du créancier leur attribuait tous les intérêts ou arrérages échus jusqu'au jour de la saisie ou signification. Pour les intérêts à échoir, ils étaient distribués au marc le franc entre tout cessionnaire signifiant au créancier saisissant avant l'échéance. Ce n'était là qu'une application générale des deux principes : signification vaut saisie, et saisie établit un droit de préférence pour les sommes échues au jour de la saisie.

Cette distinction est-elle applicable dans notre législation? nous ne le pensons pas. Quant aux droits de préférence à établir sur les revenus échus, nous avons vu qu'ils ne pouvaient être admis. Quant au concours des créanciers saisissants et du cessionnaire signifiant sur les fruits ou arrérages à échoir, on doit également le repousser; il n'est qu'une suite de cette autre idée admise dans notre ancienne jurisprudence : tout cessionnaire n'est saisi par la signification que si la créance cédée est échue, sinon il doit concourir avec tous les créanciers de son cédant saisissants. Je ne vois aucun article qui fasse cette distinction entre la créance échue et la créance non échue. L'art. 1690 nous dit simplement : le cessionnaire est saisi, à l'égard des tiers, par la signification (ou acceptation). Le cessionnaire de plusieurs annuités de revenus ou arrérages se trouve donc, par la signification saisi de toutes ces annuités. Cependant, il faudrait admettre à ceci quelques restrictions en vertu d'autres principes.

1° Il faut avouer que cette aliénation anticipée, à laquelle on ne recourt qu'en désespoir de cause, établit une grave présomption de fraude; rien n'empêche les créanciers du cédant, d'attaquer cette aliénation comme frauduleuse en vertu de l'art. 1167.

2° L'immeuble dont les revenus ont été ainsi aliénés, peut avoir été hypothéqué. La cession est alors sans effet à l'égard des créanciers hypothécaires (2166 et 2091) pour tous les fruits échus à partir de l'aliénation de l'immeuble.

3° Si l'immeuble, dont les fruits à venir sont vendus, avait préalablement été frappé de saisie immobilière, cette vente, faite postérieurement à la transcription de la saisie immobilière, n'est pas valable. Les fruits des immeubles saisis, sont, à partir de ce moment, immobilisés au profit des créanciers, (682, 685 et 686. C. 62).

4° Il en serait de même pour l'aliénation des intérêts ou arrérages de certaines créances qui peuvent être frappées d'hypothèques, contrairement aux articles 2118 et 2119. Nous citerons, comme exemple, les droits du propriétaire de la surface d'un terrain qui contient des mines exploitées; que le propriétaire ou tout autre soit cessionnaire, il se forme deux propriétés distinctes, susceptibles chacune d'hypothèques : 1° la mine, 2° la surface, *augmentée des droits payables par le concessionnaire au propriétaire de la surface.* La loi du 21 avril 1810, nous dit, art. 18 et 19 : *la valeur des droits résultant en faveur du propriétaire de la surface, en vertu de l'art. 6 de la présente loi, demeurera réunie à la valeur de ladite surface, et sera affectée avec elle aux hypothèques prises par le créancier des propriétaires* . . . . *Si la concession est faite au propriétaire de la surface, ladite redevance sera évaluée pour l'exécution dudit article.* Ces droits peuvent être, soit des intérêts payables chaque année, tant qu'il y aura exploitation : soit une part dans les bénéfices, soit une rente. Notre 4° aurait ici son application.

§ 5. — **Effet de la vente de créance à l'égard des tiers autres que le débiteur et les créanciers.**

De ce qu'à l'égard des tiers le cessionnaire n'est saisi que par la signification ou l'acceptation authentique, il résulte :

1° De deux cessionnaires celui-là sera successeur au droit de créance qui aura signifié ou fait accepter le premier.

2° Si avant l'acceptation ou signification le cédant hérite du débiteur, les cautions et autres engagés à la dette sont libérés, et, à leur égard, la cession ne peut plus avoir lieu efficacement.

3° Le créancier auquel le créancier cédant a donné la créance en gage, ne pourra se prévaloir de son gage que si la signification ordonnée par l'art. 2075 a été faite avant la signification du cessionnaire, sauf recours ou garantie contre le cédant.

4° Les cautions, les tiers détenteurs ne peuvent pas être poursuivis en payement ou en délaissement, par le cessionnaire, avant qu'ils ne soit saisi conformément à l'art. 1690.

5° Jusqu'à cette époque, (signification ou acceptation), les tiers détenteurs peuvent valablement obtenir encore radiation des inscriptions du créancier cédant; ils peuvent faire au domicile élu dans les inscriptions, toutes notifications ordonnées pour la purge. Mais, après cette signification ou acception, en sera-t-il de même? Pour les notifications à fin de purge il en sera ainsi, pourvu que le cessionnaire n'ait pas fait changer l'inscription ou le domicile, car, l'art. 2183 valide ces notifications, pourvu qu'elles soient faites aux créanciers inscrits et aux domiciles élus par eux dans leurs inscriptions. Mais, si les tiers détenteurs d'un immeuble hypothéqué avaient, à cette époque, obtenu une radiation du créancier cédant, *a priori* il semble que ces tiers détenteurs n'ont à s'occuper que de l'inscription prise, et n'ont à demander radiation qu'au créancier dont le nom est dans cette inscription. Mais l'art. 1690 dit positivement : que le cessionnaire est devenu créancier à l'égard de tous par la signification ou l'acceptation ; l'art. 1692 déclare positivement aussi que, avec les créances ont été transportées les hypothèques accessoires de cette créance. Or, qu'est-ce que radier une hypothèque? C'est aliéner, se dépouiller d'un droit; qui peut le faire, si ce n'est le propriétaire de ce droit? donc, le cessionnaire auquel, par la signification, a été conféré le droit d'hypothèque, peut seul consentir à la radiation de l'inscription.

L'espèce suivante a donné lieu à discussion : une femme mariée vend à *Primus*, une créance née pendant le mariage, contre son mari ; puis, à *Secundus*, une créance dotale. *Secundus* pourra-t-il se prévaloir de l'antériorité de rang accordée par l'art. 2135 aux créances dotales, sur celles survenues pendant le mariage? Voyons d'abord ce qui fût arrivé si la femme n'eût pas fait la deuxième aliénation. Nous distinguerons : si la vente a été pure et simple, ou avec garantie de la solvabilité actuelle, la femme exerçant la créance dotale, pourra primer son cessionnaire, car en agissant ainsi elle ne diminue pas par son fait la créance cédée : elle n'avait cédé la créance que telle qu'elle était, c'est-à-dire primée par la créance dotale. — Si la femme avait promis la solvabilité future, il en serait tout autrement: elle ne pourrait faire valoir sa créance de préférence à la créance cédée.

Le second cessionnaire se trouve, vis-à-vis du premier, dans la même position que la femme ; cependant, dans la seconde hypothèse, celle où la femme a garanti la solvabilité future du mari débiteur, l'on a dit que le second créancier pourrait se prévaloir de l'antériorité du rang hypothécaire de la créance, et dire que la femme, en garantissant la solvabilité du débiteur, s'est engagée personnellement, et que cet acte n'a pas changé la nature de la créance : si elle ne peut invoquer l'art. 2135, cela tient à ce que, en agissant ainsi, elle contreviendrait à son obligation personnelle; mais le cessionnaire de la créance dotale ne peut être repoussé, par la même raison, sauf la garantie due par la femme à l'acheteur de la créance née pendant le mariage. L'on répond que la femme, en garantissant la solvabilité future, a renoncé, par cela même, à l'exercice de son droit hypothécaire à l'égard du premier acheteur, qu'elle n'a pu transmettre qu'un droit ainsi affaibli. Nous pensons qu'il faut s'en tenir à cette deuxième décision. Adopter la première serait offrir à la femme un moyen de violer son engagement. Au reste, l'hypothèque de la créance dotale conserve son rang contre les créanciers du mari.

Si la femme a cédé non des créances différentes, mais la même créance pour partie, à plusieurs cessionnaires, les mêmes principes trouvent leur application : elle pourra créer des droits de préférence en faveur de tel ou tel cessionnaire par la promesse de solvabilité. Ces droits de préférence ne sont pas contraires à l'art 2094; ce ne sont pas des priviléges *sui generis*, mais le résultat de conventions particulières (1131). Ils ne sont pas plus attaquables, que la convention par laquelle deux cocréanciers conviendraient que l'un d'eux, en cas d'insolvabilité du débiteur, ne serait payé qu'après entier désintéressement de l'autre.

QUATRIÈME SECTION.

CAPACITÉ POUR VENDRE ET ACHETER DES CRÉANCES.

L'art. 1594 nous donne la règle générale, en matière de vente, sur la capacité : *tous ceux auxquels la loi ne l'interdit pas peuvent vendre et acheter.* Cette règle est applicable en matière de vente de créances; les exceptions au principe en matière de vente ordinaire s'appliquent aussi en matière de vente de créances. Cependant il peut y avoir bien des dérogations que nous ne pouvons étudier ici. Ces dérogations se trouvent spécialement dans la capacité des administrateurs. Le tuteur, le mineur émancipé, le mineur commerçant, le mari sous les différents régimes, la femme séparée de biens, peuvent-ils vendre les créances faisant partie des biens dont ils ont l'administration? Ce sont autant de questions vivement controversées. L'étude de cette partie de la théorie des capacités mériterait une étude spéciale; les examiner nous entraînerait hors des bornes de notre sujet : qu'il suffise donc d'indiquer ici une règle générale : tout propriétaire d'un droit peut l'aliéner, conséquence de l'art. 544. *La propriété est le droit de disposer des choses de la manière la plus absolue, pourvu qu'on n'en fasse pas un usage prohibé par les lois ou les règlements.*

Voyons maintenant qu'elles sont les exceptions à la règle écrite à l'art. 1594 : *Toute personne peut acheter.* Nous ne parlerons ici que des exceptions particulières à l'achat des créances.

1° Nous trouvons à l'art. 450 une exception analogue à la disposition de la novelle 72 de Justinien. Cet article défend au tuteur, non-seulement d'acheter les créances du mineur contre un tiers; c'est là une disposition commune aux créances du mineur et à ses autres biens, mais encore d'acheter des créances contre le mineur. L'on comprend le motif de cette seconde exception; le législateur craint sans doute une fraude, il craint que le tuteur ne s'entende avec le créancier; qu'après avoir fait disparaître les quittances, il achète le silence du créancier, et par une vente simulée, se fasse investir du droit de poursuivre son pupille.

2° L'art. 1597 défend aussi à certaines personnes d'acheter certaines créances; nous en parlerons en traitant de la créance litigieuse.

CINQUIÈME SECTION.

DES CRÉANCES INCESSIBLES.

Il est certaines créances que l'on ne peut vendre contrairement à la règle générale (1598). Ici encore nous ne nous occupons que des règles particulières à la vente de créances.

Nous ne croyons pas pouvoir tracer de formule générale, un auteur a voulu le faire, il a dit : *Ce qui est transmissible par voie de succession l'est aussi par voie de cession*[1]. Cette règle pèche en deux points : 1° elle n'est pas absolue, ayant la prétention de l'être[2]; 2° elle ne fait que reculer la difficulté. Qu'elles sont les choses transmissibles par succession? l'art. 1598 nous montrait ici la marche à sui-

1. Troplong, vente n° 224.
2. L'on pourrait citer comme exception à cette règle l'art. 957.

vre; la méthode à employer, c'est la méthode d'énumération. *Tout ce qui est dans le commerce peut être vendu lorsque des lois particulières n'en auront pas défendu l'aliénation.* Cette méthode présente l'inconvénient d'avoir souvent une règle incomplète, mais au moins n'a-t-elle pas la prétention d'être infaillible.

Parmi les créances incessibles nous citerons les suivantes :

1° Les pensions fournies par l'État ou administrations publiques, les traitements de réforme, les pensions de la Légion d'honneur et pensions militaires [1].

2° Les rentes fournies par la Caisse des retraites pour les vieillards, jusqu'à concurrence de 360 francs [2].

3° Les créances d'aliments. L'art. 581 du Code de procédure déclare les créances d'aliments insaisissables. L'on comprend facilement le motif : créées comme dernier secours, ces créances auraient complétement manqué leur but, si les créanciers du créancier d'aliments avaient pu les saisir. L'on comprend aussi que le législateur n'ait pas voulu, sur une matière aussi importante, laisser les parties se soustraire aux tribunaux, et s'en rapporter à des arbitres : le rôle du ministère public, le caractère des juges, donnent plus de garanties; aussi, l'art. 1004, du Code de procédure défend-il de compromettre sur de pareilles créances. Il est vraiment impossible de croire que cet homme, qui ne peut compromettre sur cette créance d'aliments, puisse l'aliéner directement, ce qu'il ne manquerait pas de faire, pressé par ses créanciers, pour éviter la

1. Déclaration du 7 janvier 1779. — Arrêté du 26 juillet 1802. — Avis cons. d'ét. 23 janvier 1808.—Loi du 11 avril 1831.—Ord. du 27 août 1817. Loi du 19 mai 1834.
2. Loi 18 juin 1850.

contrainte par corps, pour ne pas rester insolvable. La loi le prémunit contre sa faiblesse, contre sa propre délicatesse. La créance d'aliments n'est déclarée insaisissable, on peut le dire, que parce qu'elle est incessible.

4° Les créances frappées d'opposition (ou saisies-arrêt) sont-elles incessibles? Nous avons su que la saisie-arrêt ne crée pas un droit de préférence que le propriétaire de la créance est créancier malgré la saisie; il n'est frappé d'aucune incapacité. Si par incessible l'on entend que le créancier ne pourra pas vendre la créance, et que, s'il le fait, cette vente sera complétement nulle et sans effet; nous croyons pouvoir le contester : car d'abord elle crée toujours un droit de créance pour le cessionnaire, ensuite, si cette créance est saisie-arrêtée aujourd'hui, demain le créancier cédant peut désintéresser tous les saisissants; la vente devra avoir son effet : transférer la créance (s'il y a eu signification). Les art. 686-687 du Code de procédure donnent une décision analogue, en matière de saisie immobilière. Mais si l'on entend par là que la vente n'opère aucun transfert de droit de créance, même après la signification, si cette créance était déjà saisie arrêtée lors de la vente et que le cédant ne désintéresse pas les saisissants; nous le pensons aussi; seulement nous ne croyons pas que, même en ce sens restreint, une créance soit frappée d'incessibilité pour au somme excédant celle pour laquelle est faite la saisie. Cependant l'on a jugé, dans l'ancienne jurisprudence, qu'une saisie faite pour raison de 180 liv. entre les mains d'un débiteur de 40,000 liv., avait conservé le droit des créanciers saisissant postérieurement;

____

1. Arrêt du Parlement de Paris, 8 mars 1760. V. Denizart, transport n° 10.

pour appuyer notre opinion, nous pouvons remarquer le sens et les termes des art. 1242 et 1298. *Le payement fait au préjudice d'une opposition, n'est pas valable à l'égard des créanciers opposants...... La compensation n'a lieu au préjudice des droits acquis à un tiers. Celui qui étant débiteur est devenu créancier depuis la saisie-arrêt..., ne peut, au préjudice du saisissant, opposer la compensation;* il résulte, selon nous, de ces deux articles, que la vente de créances est parfaitement valable à l'égard des personnes non opposantes, et qu'elle n'est non avenue, à l'égard des opposants, qu'en tant qu'elle préjudicie à leur droit acquis, et elle ne préjudicie nullement du moment où elle ne transfert au cessionnaire la créance que déduction faite de la somme saisie; au-delà de cette somme, le débiteur saisi pouvait payer entre les mains de ce créancier, et celui-ci recevait valablement le payement; pourquoi ne pourrait-il pas vendre son droit? L'art. 559 du Code de procédure, en ordonnant, à peine de nullité, que le saisissant explique dans son exploit le montant de la somme qu'il saisit, fait une innovation importante; cette indication n'était pas exigée dans l'ancienne jurisprudence; si notre code de procédure l'exige aujourd'hui, n'est-ce pas pour avertir le tiers saisi jusqu'à concurrence de quelle somme il peut payer encore au créancier. L'opinion que nous soutenons est adoptée par le décret réglant les saisies entre les mains des receveurs de l'État[1]; il dit textuellement : *la saisie-arrêt, ou opposition, n'aura d'effet que jusqu'à concurrence de la somme portée à l'exploit.* Nous appuyerons encore notre opinion d'une considération d'intérêt social : quels inconvénients n'aurait pas le système

____

1. Décret du 18 août 1807, art. 4.

contraire, arrêtant dans les mains du tiers saisi des valeurs énormes, les frappant d'immobilité, et cela sans intérêt, sans motif, pour ainsi dire, car qu'importe au saisissant que le saisi touche l'excédant de sa créance, ou qu'il cède ce droit à un tiers; ses intérêts ne sont-ils pas à l'abri du moment où la créance ne sera transportée que jusqu'à concurrence de la somme portée en sa saisie.

DEUXIÈME PARTIE.

EXCEPTIONS AUX RÈGLES GÉNÉRALES EN MATIÈRES DE CRÉANCES,

PREMIÈRE SECTION.

CRÉANCES LITIGIEUSES.

La vente des créances est une chose tellement utile que l'on ne peut admettre qu'une société puisse exister, grandir, acquérir certains développements industriels et commerciaux, si la vente des créances n'est pas permise : nous avons vu ce besoin se faire sentir à Rome. Mais quand l'achat des créances prend un caractère de spéculation, un législateur ne saurait trop flétrir, arrêter de pareilles tendances. L'achat des créances litigieuses est entachée de ce caractère ; notre législateur n'a pas cru cependant devoir défendre en général l'achat des créances litigieuses.

En Droit Romain, des constitutions avaient défendu la vente de tout droit litigieux; Justinien avait été jusqu'à rendre impossible la vente de créance elle-même. Notre ancienne jurisprudence avait admis le principe contraire : *en général, chose litigieuse peut être cédée et vendue*[1]. Notre Code à suivi ces erremens; seulement il a admis trois grandes modifications à la théorie des créances litigieuses : 1° le

[1]. Loi *ab Anastasio*.

retrait; 2° l'incapacité d'acheter pour certaines personnes; 3° l'amoindrissement de la garantie du vendeur. Nous nous occuperons donc 1° de la détermination du caractère litigieux, 2° du retrait litigieux, 3° de la nullité de la vente de créances litigieuses, eu égard à la personne de l'acheteur, 4° de l'amoindrissement de la garantie du vendeur.

1° *Détermination du caractère litigieux.*

Dans notre ancienne jurisprudence, deux opinions bien tranchées se présentent pour la détermination de ce caractère. Rousseau Lacombe [1], le président Lamoignon [2]; les parlements de Toulouse et de Paris ne voyaient le caractère litigieux que lorsqu'il y avait procès commencé [3]. Cette idée répond à la définition des droits litigieux de Justinien dans sa Novelle 112. Le Parlement de Bordeaux [4] et Pothier pensaient que ce caractère devait se déterminer d'après les circonstances. « *On appelle créances litigieuses, dit Pothier* [5], *celles qui sont contestées ou peuvent l'être en total ou pour partie, par celui qu'on prétend le débiteur; soit que le procès soit déjà commencé, soit qu'il ne le soit pas encore, mais qu'il y ait lieu de l'appréhender.* » Si nous nous reportons au n° 590 de ce même Traité de vente, nous verrons que Pothier a adopté cette définition des créances litigieuses sous l'influence des lois *per diversus* et *ab Anastasio.* Il partageait l'avis des auteurs qui n'appliquaient ces lois qu'aux ventes de créances incertaines sujettes à litige.

Qu'a fait notre législation? L'art. 1700 nous dit : *la chose*

1. Rousseau Lacombe, V, transport, § 12.
2. Voir transport n° 13.
3. Arrêtés, t. 1, p. 142, n° 24.
4. Salviat, jurisprudence du parlement de Bordeaux, V. cession, n° 1.
5. Vente n° 583.

est litigieuse dès qu'il y a procès et contestation sur le fond du droit. Le système de Pothier est donc complétement abandonné. L'art. 1700 exige deux conditions pour que la créance soit considérée comme litigieuse : 1° qu'il y ait procès, 2° que la contestation porte sur le fond du droit.

Il n'y aurait pas procès par suite d'une citation en conciliation, ni même par suite du procès-verbal de non conciliation. En effet, ces préliminaires ont pour but d'éviter le procès, d'amener une transaction ; l'on ne peut donner à l'acte qui doit prévenir une contestation l'effet qu'eût produit cette contestation même; d'un autre côté le procès-verbal de non conciliation constate ce fait que les deux parties n'ont pu s'entendre immédiatement, mais rien ne prouve que la lutte doive s'engager; la discussion qu'elles ont eue, les paroles du juge de paix ont peut-être éclairé la partie qui résistait à tort, et peut-être n'y aura-t-il pas procès. En supposant même que le procès suive les préliminaires de conciliation, la cession qui aurait été faite après ces préliminaires, mais avant les ajournements, ne serait pas soumise à l'art. 1599 sur la vente des créances litigieuses, car jusqu'à cet ajournement il n'y a pas procès. Nous retomberions, du reste, si nous n'admettions pas cette idée dans des appréciations arbitraires, sur la qualité plus ou moins litigieuse de la créance; nous aurions un procès nouveau pour savoir si la créance était litigieuse ou non, et c'est là ce que le législateur a voulu éviter. Par l'art. 1700, il a voulu tracer au juge une règle invariable dont il ne peut s'écarter.

Voyons maintenant la seconde condition. Il y aura contestation sur le fond du droit lorsque le droit de créance sera attaqué dans son existence même; il ne suffirait pas que le débiteur opposât au demandeur une défense tirée

d'une nullité de la procédure, qu'il arguât de l'incompé-
tence du tribunal, ni qu'il opposât une exception dilatoire
tendant à arrêter pour un temps l'action du demandeur;
le débat engagé sur les moyens d'exécution ne touche
pas non plus au fond du droit. Mais il en serait autrement
et la créance serait vraiment litigieuse si, la créance ayant
été constituée par donation, le débiteur opposait un vice
de forme devant ici entraîner la créance elle-même; de
même, si le débiteur opposait la prescription, la compensation, un payement, toutes défenses tendant à nier le
droit lui-même.

Si tel est le caractère de la créance litigieuse dans les
art. 1699 et 1700, cette définition s'applique-t-elle dans
l'art. 1597? Ne pourra-t-on invoquer le caractère litigieux
de la créance pour faire prononcer la nullité de l'art. 1597
que dans les cas où on accorderait un retrait? Nous croyons
que les expressions restrictives de l'art. 1700 ne sont plus
applicables quand il s'agit de savoir si l'on doit admettre la
nullité de l'art. 1597. Mais cette question trouvera mieux
sa place quand nous parlerons de cette nullité elle-même.

2° Du retrait litigieux.

A la suite du Traité de la vente, Pothier place un Traité
des retraits auquel il consacre de nombreuses pages. La
constitution féodale et aristocratique de notre pays avant
1789, explique le grand nombre de retraits qui existait
alors.

Le droit de retrait n'est autre chose, dit Pothier[1], *que le
droit de prendre le marché d'un autre et de se rendre
acheteur à sa place.* Le commentateur de Pothier ajoute

---

1. Pothier, *Traité des retraits,* n° 1.

avec raison[1] : *Un pareil droit doit être très-exceptionnel dans une législation qui attache une certaine importance à la stabilité des conventions, et qui désirant que la circulation du bien soit libre, s'occupe peu de leur origine.* Aussi notre Code n'a-t-il conservé que trois de ces nombreux retraits ; le retrait successoral (841), le retrait conventionnel dans l'hypothèse spéciale de l'art. 1408, et le retrait litigieux. — Le Code avait en effet reconnu des principes nouveaux qui mettaient à néant la raison d'être de la plupart des retraits de notre ancienne législation.

Nous n'avons à nous occuper ici que du retrait litigieux, tempérament vraiment nécessaire au principe qui permet l'aliénation des créances litigieuses. — Le retrait litigieux est l'exercice du droit accordé au débiteur cédé de prendre pour lui le marché du cessionnaire quand la créance achetée est litigieuse. Nous rechercherons d'abord l'origine de ce retrait, puis les obligations du retrayant, et enfin les cas dans lesquels ce droit est refusé au débiteur cédé.

L'on ne peut rapporter l'origine du retrait litigieux qu'aux lois *per diversus et ab Anastosio,* entendues, comme le voulaient Dumoulin et quelques autres jurisconsultes, c'est-à-dire n'étant applicables qu'aux cas où le droit cédé était sujet à contestation, ou litigieux dans le sens que donne Pothier à ce mot.

Ces lois ordonnaient, en effet, que les acheteurs d'un droit de créance ne pussent exiger plus des débiteurs que ce qu'ils avaient donné pour prix de la créance et les intérêts, et que le débiteur fût tenu quitte du reste. *L'équité de ces lois, qui est évidente, nous dit Pothier[1],*

---

1. M. Bugnet sur Pothier, *Traité des retraits,* p. 259, note 1.
1. Pothie., vente, n° 590.

les a fait adopter, même dans la partie du royaume qui n'est pas soumise au Droit Romain. C'est ce qu'atteste Mornac sur lesdites lois : il cite un arrêt de 1586, prononcé en robes rouges, qui a fixé la jurisprudence à cet égard. Cependant il paraîtrait que, par une exception toute locale, ces lois n'étaient pas observées à Lille [1]. L'art. 1699 n'a fait que sanctionner l'ancien droit en cette matière.

En exerçant le retrait litigieux, le débiteur cédé doit payer au cessionnaire tout ce que celui-ci a déboursé, c'est-à-dire, comme l'énumère l'art. 1699 ; 1° le prix RÉEL de la cession ; 2° les frais et loyaux coûts ; 3° les intérêts, à compter du jour où le cessionnaire a payé le prix de la cession à lui faite. Il résulte de là que le débiteur doit être admis à prouver que le prix ostensible de la cession n'est pas le prix *réel* ; ce ne sont aussi que les frais, loyaux coûts et intérêts, calculés sur le prix réel, que doit payer le débiteur. Les intérêts ne doivent plus se calculer aujourd'hui à partir du jour de la signification, comme le disait Pothier [2] ; le Code, dans l'art. 1699, dit positivement : *A compter du jour où le cessionnaire a payé le prix de la cession à lui faite* [3]. Enfin, aucune loi ne force le cédé, pour exercer son retrait, à accompagner sa demande d'offres réelles, à raison des restitutions à faire. Dès que cette demande est formée, elle met obstacle à toute rétro-cession par laquelle on voudrait éviter le retrait ; mais si, avant cette demande, le premier cessionnaire a fait une rétrocession, et que le second cessionnaire ait signifié la

1. Bretonnière (questions, V. droits litigieux) cite des arrêts en ce sens du parlement de Flandre.
2. Vente, n° 597.
3. M. Bugnet sur Pothier, vente, p. 236, note 1.

cession au débiteur cédé, le retrait ne peut plus être exercé contre le premier cessionnaire.

L'art. 1699 suppose que la cession résulte d'un acte de vente, cependant nous croyons que cela s'entend de tout acte à titre onéreux, ainsi de l'échange; l'art. 1707, qui assimile, en général, ce contrat à la vente, pourrait nous fournir un argument. Dans tous les cas où la cession n'aura pas été faite, moyennant un prix en argent, on devra apprécier la valeur de la chose promise par le créancier, et ce sera cette valeur et intérêts, si la chose promise produisait des fruits, que le débiteur cédé devra payer pour obtenir le retrait. Au reste, il est évident pour nous, et en cela le Droit Romain, l'ancienne jurisprudence[1] et les termes de l'art. 1699, confirment notre assertion, que la donation, ou toute autre aliénation, à titre gratuit d'une créance litigieuse, ne peut donner lieu au retrait.

La loi est muette sur le point de savoir jusqu'à quelle époque peut s'exercer le retrait. La loi a vu, nous l'avons dit, d'un assez mauvais œil ces cessions de créances litigieuses, mais, outre ce motif, elle a eu pour but de diminuer le nombre des procès. Du moment, donc, où il n'y a plus procès, l'on ne voit guère pourquoi l'on permettrait au débiteur d'exercer le retrait; ce serait, s'il est reconnu débiteur, lui offrir un moyen de se libérer, sans payer toute la créance. Mais, aussi, tant qu'il y a procès, nous pensons que le débiteur peut exercer le retrait, car il y a incertitude sur le résultat, et, d'un autre côté, un procès à éviter; nous irions, donc, jusqu'à laisser la faculté de retrait, alors que l'affaire, après avoir passé par la filière judiciaire, est portée en cassation.

---

1. Pothier, nᵒ 591, et M. Bugnet, note 2. (*Vente.*)

Ce principe peut être modifié par les circonstances : ainsi, le cessionnaire a prouvé la vérité du droit de créance, le jugement va être rendu, le débiteur, sur le point d'être condamné, ne peut éviter cette condamnation, en invoquant le droit de retrait[1] ; il n'y a plus alors de procès à éviter[2] ; d'un autre côté, même après le jugement définitif, si le cessionnaire a tenu jusque-là son droit caché, le débiteur pourra invoquer le droit de retrait ; quoiqu'il n'y ait plus de procès à craindre, le premier motif de la loi existe toujours et est rendu plus sensible par la fraude du cessionnaire.

Dans quelques cas exceptionnels, qui font l'objet de l'art. 1701, la loi refuse au débiteur le droit de retrait. En les parcourant, nous verrons que le motif, qui a dicté ces exceptions, est l'absence de spéculation de la part du cessionnaire ; nous verrons ensuite, si, raisonnant par analogie, on peut en ajouter quelques autres.

Les exceptions de l'art. 1701 sont les suivantes : le retrait n'aura pas lieu :

1° *Dans le cas où la cession a été faite à un cohéritier ou copropriétaire du droit cédé ;*

2° *Lorsque la cession a été faite à un créancier en payement de ce qui lui est dû*, pourvu, bien entendu, que la créance, que l'on prétend éteindre soit sincère ;

3° *Lorsque la cession a été faite au possesseur de l'héritage sujet au droit litigieux.*

Ces trois exceptions se trouvent dans la loi *ab Anastasio* ; elles avaient aussi été adoptées dans notre ancien droit. Mais remarquons quelques distinctions de Pothier qui n'ont pas été reproduites[3]. Sur le 2° Pothier dit que, si

---

1. Pothier, vente, n° 597.
2. M. Bugnet, sur Pothier, vente, p. 237, note 1.
3. Pothier, vente, n° 594.

le créancier, à qui l'on a fait la cession en payement de ce qu'on lui devait, pouvait facilement se faire payer autrement, le retrait devait être admis. Cette distinction, juste au fond, avait le grand inconvénient de soulever un premier procès sur la question de fait : le créancier pouvait-il, ou non, se faire payer autrement? La loi aurait multiplié les procès, au lieu de les éviter; c'est avec raison qu'elle n'en a pas parlé. Sur le 3°, Pothier fait encore une distinction analogue, il dit : *Lorsque le possesseur d'un héritage, poursuivi par un prétendu créancier hypothécaire du vendeur de l'héritage, achète cette créance pour un prix au-dessous de la somme qui en fait l'objet, il faut aussi distinguer : si ce possesseur avait un bon garant.... il est dans le cas de la loi (ab anastasio); mais si ce possesseur avait un mauvais garant qui ne pût le défendre...... il pourrait, poursuivi par des créanciers postérieurs, la faire valoir dans toute son étendue.* La même remarque ne s'applique ici que sur la distinction précédente[1].

Peut-on admettre d'autres exceptions que celles de l'art. 1701? La question présente une certaine gravité, car l'art. 1701 procède par énonciation, il semble bien limitatif; « *la distinction, portée en l'article* 1699, *cesse* 1°, 2°, 3°.» D'un autre côté, l'art. 1699 établit une règle de répression contre des abus vraiment dignes de toute la sévérité de la loi. Cependant considérant : 1° que l'art. 1699 est une exception à l'exception, et que, par conséquent, l'exception, rentrant dans la règle générale, ne doit pas être entendue trop limitativement; 2° que l'ancienne jurisprudence admettait bien d'autres exceptions; 3° que le principe

____

1. M. Bugnet, sur Pothier, v. acte p. 531, note 2 et 535 note 1.

d'équité, qui soustrait certains cessionnaires à l'application de l'art. 1699, trouve son application, d'une manière aussi directe, dans d'autres cas que la loi n'a pas prévus; reconnaissant que l'art. 1701 a eu tort d'appliquer l'énumération, pour indiquer une exception, qui dépendait de circonstances qui pouvaient se manifester de bien des manières diverses, nous dirons que, lorsque les faits seront tels que l'on ne puisse attribuer la cession à un esprit de spéculation, lorsque cette cession aura une juste cause, alors l'art. 1701 sera applicable. Il en sera ainsi, si la cession a eu lieu à cause de la vente qui a été faite à la même personne de quelque autre chose, *ut consequentiam alterius rei venditæ :* ainsi, vente d'une terre avec toutes les créances contre les fermiers : parmi ces créances, l'une est litigieuse, le fermier de la terre ne pourra pas opérer le retrait, quand même chaque créance aurait été cédée pour un prix séparé. Il en sera encore ainsi, lorsque le droit litigieux a été vendu en justice, *si nomen sub hasta venditum.* Mon débiteur prétend avoir prescrit la libération, le procès s'engage, je meurs, mes héritiers licitent la créance en justice, elle est adjugée à un étranger, le débiteur ne pourra pas offrir le prix d'adjudication et opérer le retrait [1]. Mais il faut reconnaître, si l'on s'engage dans cette voie, que les tribunaux ont la souveraine appréciation du fait, et qu'ils n'ont, pour règle de conduite, que cette question à résoudre : les circonstances de l'affaire font-elles suffisamment ressortir l'absence de spéculation?

1. Pothier, vente, n°ˢ 594 et 595, M. Duguet, sur ces numéros notés 1 et 2.

§ 3. — Nullité de la vente de créances litigieuses eu égard
à la personne de l'acheteur.

Notre art. 1597 nous dit : *Les juges, leurs suppléants, les magistrats remplissant le ministère public, les greffiers, huissiers, avoués, défenseurs officieux et notaires, ne peuvent être cessionnaires de procès, droits et actions litigieuses, qui sont de la compétence du tribunal, dans le ressort duquel ils exercent leurs fonctions, à peine de nullité et dépens, dommages et intérêts.* — Cette disposition n'est pas sans antécédents. L'on peut en rapporter l'origine, soit à la loi 46, *de contrahenda emptione*, qui défendait aux gouverneurs de provinces de rien acheter dans leur gouvernement, si ce n'est les choses nécessaires à la vie, soit aux dispositions du Code, au titre *ne liceat potentioribus*, qui défendait la cession d'action faites à certaines personnes dont l'influence pouvait être nuisible aux débiteurs, au moins dans l'opinion de certains auteurs.

Dans notre ancien Droit (xiii⁰ siècle), la défense fut d'abord absolue : défense est faite aux baillis du domaine royal d'acheter aucune possession par soi-même ou par personnes interposées dans leur bailliage ou autres, sans la permission du roi; puis on étendit la prohibition aux créances, à peine de confiscation au profit du fisc[1]. Nous trouvons un siècle plus tard (1356) un nouveau monument, qui défend à tous officiers du roi ou des autres seigneurs, ses vassaux, et autres personnes privilégiées, de se rendre acheteurs ou donataires de créances. La sanction est une amende arbitraire et la nullité de la cession[2].

1. Ordonnances de Saint-Louis, 1234 et 1256.
2. Charles V, ordonnances 1356.

Nous voyons ici la marche du pouvoir royal ; la nouvelle ordonnance ne s'adresse plus seulement aux seigneurs du domaine royal, elle est applicable à tout le royaume. Deux siècles plus tard, encore une nouvelle ordonnance s'occupe de la question ; elle défend à tous *juges, avocats, procureurs, d'accepter directement aucun transport ou cession des procès et droits litigieux ès-cours, sièges et ressorts où ils seront officiers..... à peine de punitions exemplaires.* Même défense est faite aux avocats, procureurs et solliciteurs, pour les procès dont ils sont chargés[1]. Deux grands changements sont survenus : cette ordonnance ne défend plus les achats de créances aux personnes puissantes privilégiées, leur influence n'est plus autant à craindre, le pouvoir royal s'est fortifié, la justice reprend peu à peu en France la place de l'arbitraire ; ce n'est plus l'achat de toute créance qui est défendue, mais bien l'achat de créances litigieuses de la compétence du tribunal, où les juges, avocats, procureurs exercent leurs fonctions. Telle est la disposition, dont l'ordonnance de 1629 et notre art. 1597 ont reproduit l'esprit.

La crainte de voir une personne abuser de son autorité pour se faire faire des cessions désavantageuses aux cédants ; la crainte de voir ensuite cette personne abuser de son autorité pour combattre le débiteur cédé ; le désir d'écarter de certains fonctionnaires tout soupçon de cupidité et de maintenir par là la dignité de leur caractère, telles sont les raisons qui ont édicté ces dispositions successives.

Nous avons dit que le caractère litigieux du droit cédé

1. Ordonnance d'Orléans, 1560, Charles IX.
2. Louis XIII, art. 04.

né devait pas se déterminer ici par l'art. 1700; la créance est litigieuse dans l'art. 1597, toutes les fois qu'il y a, ou que l'on a lieu d'appréhender un procès. Pour appuyer cette opinion, nous ferons valoir divers arguments :

1° Nous avons vu que l'art. 1700 ne reconnaît à la créance le caractère litigieux, que lorsqu'il y a procès, et que la contestation porte sur le fond du droit, mais cet article a pour but d'expliquer ce que l'art. 1699 entend par chose litigieuse, dans quel cas aura lieu le retrait, sa définition toute restrictive ne doit pas être employée en d'autres cas que celui pour lequel elle a été faite.

2° L'art. 1597, en énumérant les créances que certaines personnes ne peuvent acheter, énumère *les procès, droits et actions litigieuses*, il semble indiquer par là, qu'il peut y avoir un droit litigieux sans qu'il y ait procès commencé. Dans cet art. le Code adopte l'opinion commune, celle de Pothier, quand il veut s'en éloigner, à propos des retraits; il le dit formellement dans un article spécial (1700);

3° Remarquons, que permettre le retrait litigieux, c'est violer la loi des parties, leurs conventions : prononcer la nullité de l'art. 1597, c'est fermer la porte à l'abus des influences. Dans le premier cas, il semble naturel que la loi soit plus sévère pour déterminer la qualité que doit avoir la créance pour permettre le retrait; dans le second cas, la loi doit frapper l'abus partout où il se trouve. D'un côté il y a simple atteinte à l'intérêt privé du cédé par la cession; de l'autre, outre cette lésion particulière, il y a atteinte portée à la considération de toute une corporation;

4° Je ferai remarquer aussi que s'il n'avait pas voulu

frapper d'une manière toute spéciale ces personnes, le législateur n'aurait pas eu besoin de faire l'article 1597, elles eussent été atteintes par les art. 1699, 1700.

5° Vainement argumenterait-on de la pensée du législateur qui est dans l'art. 1700, de couper court aux procès. Dans l'art. 1597, le but du législateur est de prévenir et punir un abus d'influence; pour le prévenir, il faut prendre le mot litigieux dans son sens étendu, sans quoi la fraude sera facile, les personnes énumérées dans notre article, n'auront qu'à acheter la veille de l'ajournement, et comme plus que tout autres elles sont au courant des affaires de palais, leur qualité, loin d'être un empêchement à ce commerce illicite, servira à leur assurer une sorte de monopole odieux.

Les juges auront donc à apprécier, si lors de la session, il y avait juste motif d'appréhender un procès.

Voyons maintenant quelles sont les personnes frappées de l'incapacité de l'art. 1597. Outre les personnes énumérées dans cet article, il faudrait comprendre les avocats, qui étaient supprimés, lors de la rédaction de notre article, depuis la loi du 11 septembre 1790 et qui ont remplacé les défenseurs officieux. Sous le nom de juges, doit-on comprendre les conseillers aux Cours impériales et à la Cour de cassation; sans aucun doute, car à cette époque, ces personnes portaient le titre de juges comme les juges de première instance, ils étaient donc compris sous la dénomination générale de notre article. Mais faudrait-il aller jusqu'à leur assimiler les conseillers de préfectures et les membres du conseil d'État, les maires, les préfets pour les droits litigieux qui sont de leur compétence. Oui, certainement, car leurs doubles fonctions leur attribuent le caractère de juges, et s'ils ne sont pas nommés ainsi, cela tient seulement à ce que leurs fonctions habituelles sont autres.

La prohibition ne concerne, du reste, que les droits litigieux, qui sont de la compétence du *tribunal*, où ces personnes exercent leurs fonctions. Un conseiller à une Cour impériale ne pourrait cependant acheter une créance litigieuse, qui est de la compétence d'un tribunal, du ressort de la cour impériale, où ce conseiller exerce ses fonctions; si l'on a repoussé la proposition du tribunat, qui voulait appliquer la défense aux droits qui sont de la compétence du tribunal d'appel, dans le ressort duquel les personnes exercent leurs fonctions, c'est en ce sens que le juge d'un tribunal de première instance, par exemple, pourra acheter une créance litigieuse, dont les débats doivent être portés devant un tribunal de première instance, autre que celui où il exerce ses fonctions : devant ce tribunal, en effet, il est un simple particulier, son influence est moins à redouter, peu importe que les deux tribunaux soient du même ressort. Le conseiller à la Cour impériale peut, au contraire, être appelé à statuer en appel sur les causes qui se présentent devant n'importe quel tribunal de première instance du ressort : toutes ces causes sont de la compétence de son tribunal.

Les exceptions de l'art. 1701, touchant le droit d'exercer le retrait, sont-elles applicables à la défense de l'article 1597? Dans notre ancienne jurisprudence l'affirmative était adoptée par quelques auteurs. Le tribunat semble aussi s'être rendu à cet avis[1]. Cependant il faut reconnaître que l'art. 1701 est positif. *La disposition portée en l'article 1699 cesse.* Que peut-on voir de plus clair? en présence

1. Discours de M. Grenier au Corps législatif. (Fenet), t. 14, p. 203.

d'un pareil texte, il est difficile d'appliquer cet art. 1701 à l'art. 1597. D'un autre côté, les espèces, où l'art. 1701 fait exception pour le retrait, sont celles où l'esprit de spéculation est absent; notre art. 1599 n'a pas seulement pour but de réprimer la spéculation, ou comme le disait M. Portalis, de faire que *ceux par qui la justice doit être rendue, puissent être respectés comme la justice même*, mais aussi, d'empêcher une influence qui pourrait être fatale au débiteur et au créancier. Peu importe donc que la cession soit faite sans spéculation, le résultat sera toujours le même.

La sanction de cette défense est la nullité de la cession, et la condamnation aux dépens et dommages-intérêts. Mais, quel est le caractère de cette nullité? qui peut la demander, qui peut aussi demander les dommages-intérêts, ce sont là autant de questions controversées?

Des auteurs recommandables ont pensé que la nullité prononcée par notre article, était toute relative; d'autres auteurs, reconnaissant qu'elle est relative, accordent le droit de l'invoquer non-seulement au débiteur cédé, mais encore au cédant. Une troisième opinion consiste à dire que cette nullité est absolue et qu'elle peut être invoquée par le cédant, le cédé ou le cessionnaire, que l'acte de cession est non avenu. De cette dernière opinion, il résulterait: 1° qu'il n'y a pas de ratification possible; 2° que le débiteur, s'il a payé au cessionnaire, peut répéter comme ayant payé indûment; 3° que le débiteur, attaqué par le cédant, ne peut opposer ni la cession, ni même le payement fait au cessionnaire; 4° que le débiteur ne peut user des bénéfices de l'art. 1699, même lorsque le droit cédé est litigieux, selon la définition de l'art. 1700.

Pour soutenir cette dernière opinion l'on s'appuie sur les

paroles de M. Portalis que nous avons citées, et qui donnent comme motif de cette nullité : l'intérêt social, pour appuyer la première opinion, on se fonde sur ce que cette nullité a été créée dans l'intérêt du cédé.

Nous croyons devoir embrasser la deuxième opinion, et, tout en reconnaissant qu'il y a ici seulement nullité relative, accorder cependant le droit de l'invoquer au cédant.

Il y a nullité relative. Car : 1° quoi qu'ait dit M. Portalis, la pensée qui a dicté cette nullité n'est pas seulement un intérêt social; l'intérêt dominant est celui du cédant et celui du cédé, l'historique de la question en fait foi; 2° si nous déclarons que la nullité est absolue, nous privons le débiteur du bénéfice de l'art. 1699; 3° la cause de l'aliénation n'est pas illicite, car elle est approuvée par la loi qui permet le commerce des créances litigieuses; 4° lorsque l'on veut créer une nullité absolue, l'on doit être plus formel; 5° si la cession n'existait pas, comment pourrait-on expliquer le droit accordé par notre article au cédant, de demander des dommages et intérêts au cessionnaire, pour s'être laissé condamner en plaidant avec le cédé. Le jugement rendu contre ce cessionnaire ne peut-il pas l'attaquer par la tierce opposition (474, C. Pr.). Le cessionnaire ne la représenterait pas s'il n'était pas cessionnaire.

Le cédant a droit d'invoquer cette nullité, car elle a été créé dans son intérêt presque autant que dans l'intérêt du cédé.

Les difficultés qui surgissent ici, naissent d'une lacune de notre législation; aucun article de loi ne détermine le caractère des nullités, ni leurs causes, ni leurs effets, ni leurs espèces diverses.

Ceci posé, les conséquences seront faciles à déduire : la

cession existant en tant que cession, si personne ne la conteste elle aura l'effet de toute cession : un juge peut avoir des débiteurs qui nient leur dette ; le procès qu'il intente contre eux est très-licite, prend-il la place d'un autre créancier ? le débiteur s'il craint l'influence du juge, le cédant s'il a été influencé par le caractère officiel de son cessionnaire peuvent invoquer la nullité ; si, au contraire, ils se taisent, c'est qu'ils reconnaissent qu'il n'y a rien à dire au contrat qui a été passé, qu'il n'y a rien à craindre de l'influence du juge. Cette cession est aussi susceptible de ratification : ainsi, si le débiteur l'accepte, il ne pourra plus invoquer la nullité. Le caractère litigieux étant conforme à l'art. 1700, le débiteur peut invoquer l'art 1699, et exercer le retrait s'il le préfère à l'action de nullité. Cette nullité peut, tant qu'elle n'est pas couverte par une ratification, être invoquée pendant dix ans (1304). Cependant, si le cédé, ayant accepté le procès avec le cessionnaire, succombe, il y a chose jugée contre le cédant, le cessionnaire étant son ayant-cause, son représentant. Mais si le cessionnaire a gagné le procès ou si le procès n'est pas encore terminé, le cédant peut encore demander la nullité.

La fin de notre article contient cette disposition : à peine de nullité *dépens et dommages et intérêts*. Qui donc, pourra faire condamner le cessionnaire aux dépens, dommages et intérêts ; rien n'autorise le cédé à demander des dommages et intérêts ; car, quel dommage a-t-il éprouvé, tout au plus le cessionnaire sera-t-il condamné au dépens du procès en nullité intenté contre lui ou du procès intenté par lui au cessionnaire, celui-ci ayant fait accepter sa demande de nullité ; c'est par le cédant que peuvent être demandés ces dommages-intérêts dans un cas spécial : c'est, lorsque le cessionnaire attaque le cédé et se laisse condamner par sa faute, alors le cédant ne pouvant plus demander la nullité de la cession, attaque le cessionnaire pour se faire indemniser de ce que la mauvaise direction donnée au procès lui a fait perdre ses droits.

§ 4. — Amoindrissement de la garantie du vendeur.

De ce que la créance vendue, est une créance litigieuse, il résulte d'importantes conséquences pour la garantie du vendeur ; si l'on vend une créance litigieuse, comme sujette à contestation, dans l'acception large du mot, il suit évidemment que l'on n'entend nullement garantir son existence. La vente est ici censé faite aux risques et périls de l'acheteur, mais il faut pour cela que le vendeur n'ait pas vendu la créance comme bonne, qu'il n'ait pas cherché à cacher à l'acheteur le véritable caractère du droit de créance ; ce sera là, une question de fait pour la quelle le prix de vente sera une puissante présomption, car quoiqu'il ne soit pas dit dans la vente que le droit est sujet à contestation, il y aura une grande présomption que l'acheteur connaissait la contestation qui pourrait surgir, si la créance étant de 100, elle a été achetée pour 50 et ici il ne faudrait pas regarder comme litigieuse, seulement, selon l'art. 1700, la créance sur laquelle il y a contestation sur le fond ; nous avons démontré que cet article était spécial au retrait, tandis qu'ici nous traitons une question de garantie de créance, et en cette matière il est facile de voir que le Code est favorable au vendeur.

Si le débiteur a garanti la solvabilité future du débiteur, il est trop évident qu'il a entendu la garantir au cas où il y aurait créance ; peut-être, devrait-on n'attacher que cette portée à la clause par laquelle, étant vendue, une créance litigieuse dont le caractère est bien établi lors de la vente, le vendeur promettrait payer, si le débiteur ne payait pas.

DEUXIÈME SECTION.

AUTRES EXCEPTIONS AUX RÈGLES GÉNÉRALES DE LA VENTE DE CRÉANCES.

Il est certaines créances, dont on a voulu favoriser la circulation rapide, et, pour lesquelles on a fait exception au mode de transmission. Parmi ces créances sont :

1° Les rentes sur l'État, elles se transmettent en vertu de la loi du 28 floréal an 7, au moyen de l'inscription du transfert, sur les registres du trésor.

2° Les actions de la banque de France se transmettent en vertu du décret du 16 janvier 1808, par l'inscription du transfert, sur les registres de la banque.

3° Plusieurs sociétés dans leur statuts ont adopté pour leurs actions un mode de transfert semblable. Ce n'est ici qu'une application de l'art. 1135 du Code civil, les conventions, sont la loi des parties ; par la publication des statuts les tiers ont été avertis, ils n'ont point à se plaindre.

4° Certaines créances même se transfèrent par la seule voie d'endossement ; ce sont les lettres de change et les billets à ordre (136 et 187 du Code de commerce) ; cette disposition dont il serait surabondant de faire sentir toute l'utilité, a été dictée en considération de la nature particulière de ces valeurs destinées à circuler comme monnaie dans le commerce.

5° Certaines valeurs enfin se transmettent par la simple tradition sans autres formalités, pas même l'endossement; ce sont les titres au porteur. Ce mode de transfert, autorisé par la loi du 25 thermidor au 3, pourrait encore aujourd'hui ressortir de l'art. 1135 de notre Code; en effet, le débiteur s'engage à payer à quiconque lui présentera le titre, c'est une convention très licite qui doit avoir son effet.

Il s'est élevé une question grave, relativement à ce mode de transfert par endossement; l'on s'est demandé s'il suffirait pour transférer les hypothèques qui garantissent la créance ainsi transportée.

La question peut se présenter dans deux circonstances différentes. 1° *Primus* se déclare débiteur dans un billet à ordre ou dans une lettre de change faite en la forme authentique, et constitue, conformément à l'art. 2127, une hypothèque comme garantie de sa dette; 2° *Primus* constitue une hypothèque par acte authentique pour une somme qui lui a été prêtée, et puis il crée des billets à ordre jusqu'à concurrence de cette somme, ayant soin de déclarer qu'il n'entend faire aucune novation : ces nouveaux billets ne faisant que représenter la créance première, et donner plus de facilité à sa circulation.

Pour refuser à l'endossement le résultat de transférer les hypothèques, l'on dit que l'endossement est réservé aux matières commerciales, qu'en ces matières les droits d'hypothèques sont tout-à-fait étrangers, et que l'on ne peut leur appliquer les modes de transfert tout commerciaux. Cette idée n'est pas tout-à-fait exacte; s'il est vrai que le billet à ordre et la lettre de change sont généralement employés dans le commerce, ils ne sont pas exclusivement employés par des commerçants ; de simples particuliers peuvent en souscrire pour des dettes qui n'ont aucun caractère commercial, et se servir, pour les transmettre, de la voie de l'endossement ; de même qu'une dette, ayant été contractée par des commerçants, pour un fait de leur commerce, mais constatée par un acte ayant la forme ordinaire, ne sera valablement transférée par eux que conformément à l'art. 1690.

Dira-t-on que la nature de l'hypothèque est incompatible avec la cession par voie d'endossement? mais nullement. L'hypothèque ne peut être constituée, généralement, que par un acte authentique, l'inscription ne peut être exigée qu'en vertu d'un pareil acte ou d'une cession authentique; mais, une fois l'hypothèque constituée et inscrite, elle n'est plus que l'accessoire de la créance ; elle marche avec elle et périt avec elle, malgré la cession par quelque voie qu'elle soit faite, la créance existe toujours la même avec ses accessoires (1692). Tant qu'un des modes indiqués à l'art. 2180 ne l'a pas mise à néant, l'hypothèque subsiste.

Qu'y a-t-il de moins dans la cession par voie d'endossement que dans la créance par voie ordinaire? La certitude de la date et la connaissance pour les tiers de la cession. Mais qu'importe aux tiers, *du moment où le droit lui-même peut être cédé par voie d'endossement n'ayant pas date certaine*, que l'hypothèque passe au tiers, par une cession ayant ou n'ayant pas date certaine? La loi veut que les tiers sachent qu'il y a, pour garantie d'une somme de....., une hypothèque, la loi le leur apprend; mais, ensuite, que leur importe que cette hypothèque puisse être exercée par tel ou tel, du moment où le droit lui-même peut se transmettre à leur insu. Pour appuyer notre opinion, nous demanderons que deviendra cette hypothèque, si elle ne passe pas au cessionnaire par voie d'endossement? Elle ne peut être éteinte par la cession, en présence de l'art. 2180. Restera-t-elle au créancier? Cela n'aurait aucune raison d'être. Passera-t-elle, mais inactive, au cessionnaire? Autant vaudrait dire qu'elle est éteinte.

L'on fait encore une double objection : à qui le tiers détenteur de la propriété acquise pourra-t-il notifier son titre d'acquisition pour payer? à qui pourra-t-il payer? quel est maintenant le cessionnaire?

Quant à la notification, rien de plus simple : la personne du cessionnaire n'y est pour rien, l'art. 2183 porte : *Elle se fera au domicile élu dans l'inscription.*

Quant au payement, il suffira au tiers détenteur de ne pas être trop négligent; il demandera, avant de payer, le titre du créancier originaire, et ne payera qu'au dernier endosseur; s'il ne se présente pas de créancier, il pourra consigner; il agira de même, si le créancier ne veut pas recevoir le payement, prétendant que l'échéance n'est pas venue, et cela conformément à l'art. 2186.

S'il y a des inconvénients dans ce système, ils sont pour le cessionnaire qui ignorera peut-être les notifications des tiers détenteurs; mais il ne doit s'en prendre qu'à lui de n'avoir pas exigé un titre qui lui permette de changer le domicile élu, conformément à l'art. 2152.

POSITIONS.

DROIT ROMAIN.

I. La loi 34 du *procuratoribus* peut se concilier avec les lois 33, § 5 et 70. Ces dernières forment la règle générale.

II. Conciliation des deux opinions qui attribuent l'effet d'enlever au débiteur cédé le droit de payer entre les mains du créancier cédant l'une à la connaissance acquise n'importe comment de la cession par ce débiteur, l'autre à la connaissance acquise par le fait du cessionnaire.

III. Les actions utiles ne firent jamais du cessionnaire un créancier véritable, agissant *suo nomine*.

IV. La loi 6 *de jure fisci* ne fait pas exception au principe, que le cessionnaire ne peut invoquer ses propres priviléges contre le débiteur cédé : que l'on voie là une succession universelle ou particulière.

V. L'exception de dol opposée pour cause de compensation dans les actions de droit strict donne au juge le droit d'opérer la balance entre les dettes et créances respectives, et de ne condamner le défendeur qu'au reliquat, il n'y a pas plus pétition de la part du demandeur.

VI. Supposant deux ventes successives d'un même *fundum*, par des vendeurs non propriétaires, l'on doit rejeter l'opinion de Nératius, et adopter l'opinion commune rapportée et approuvée par Ulpien, à la loi 9 § 4 *de publiciana in rem actione* (D. VI, 2).

DROIT FRANÇAIS.

I. L'endossement, quand il transporte le droit de créance, transporte aussi les hypothèques qui le soutiennent.

II. Le cessionaire peut invoquer contre les créanciers saisissants antérieurement à la signification ses droits de créancier du cédant.

III. Le cessionnaire, ayant par sa signification opéré saisie-arrêt, ne peut avoir comme concurrents que les créanciers du cédant ayant saisi et arrêté avant la signification; les saisies postérieures sont complétement nulles, et quant à lui *et quant aux saisissants antérieurs.*

IV. Le tuteur peut aliéner seul les créances du mineur, sans avoir besoin d'aucune autorisation, sauf pour les actions de la Banque de France et les rentes sur l'État, régies par des dispositions particulières.

V. Les créances litigieuses dont parle l'art. 1597 ne tombent pas sous la définition de l'art. 1700.

VI. L'art 1701 n'est pas limitatif.

DROIT ADMINISTRATIF.

I. Contrairement à la règle générale de l'art. 1596, le maire peut user du droit de préemption accordé à tout riverain par l'art. 19 de la loi du 21 mai 1836.

II. Les conseils de préfecture ne sont pas juges de

droit commun; cependant il peuvent connaître de certaines causes qui ne leur sont attribuées par aucune loi spécialement.

III. La régie de l'enregistrement ne peut percevoir les droits de mutation par décès, lorsque le passif de la succession excède l'actif.

DROIT PÉNAL.

I. Le fait de déposer un enfant dans un tour ne tombe pas sous l'application de l'art. 352 du Code pénal.

Vu par le Président de la thèse,
VUATRIN.

Vu par le Doyen de la Faculté,
C.-A. PELLAT.

Permis d'imprimer :
Le Vice-Recteur,
CAYX.

Contraste insuffisant

NF Z 43-120-14

www.ingramcontent.com/pod-product-compliance
Ingram Content Group UK Ltd.
Pitfield, Milton Keynes, MK11 3LW, UK
UKHW020838120726
13693UKWH00002B/719